国家重大产业数据图谱系列丛书

中国交通运输图谱

（2011年版）

● 符合 主编

中国建筑工业出版社

图书在版编目（CIP）数据

中国交通运输图谱（2011年版）/ 符合主编 . —北京：中国建筑工业出版社，2011.9
（国家重大产业数据图谱系列丛书）
ISBN 978-7-112-13590-5

Ⅰ.①中… Ⅱ.①符… Ⅲ.①交通运输业—经济发展—研究报告—中国—2011　Ⅳ.① F512.3

中国版本图书馆 CIP 数据核字（2011）第 192237 号

责任编辑：王　磊　蔡华民
责任设计：陈　旭
责任校对：陈晶晶　赵　颖

国家重大产业数据图谱系列丛书
中国交通运输图谱（2011年版）
符　合　主编
*
中国建筑工业出版社出版、发行（北京西郊百万庄）
各地新华书店、建筑书店经销
北京京点设计公司制版
北京方嘉彩色印刷有限责任公司印刷
*
开本：787×1092毫米　1/16　印张：8½　字数：210千字
2011年12月第一版　2011年12月第一次印刷
定价：66.00元
ISBN 978-7-112-13590-5
（21393）

版权所有　翻印必究
如有印装质量问题，可寄本社退换
（邮政编码　100037）

编委会

主　　编　符　合
副 主 编　蔡华民　符　彪　翟文静　刘海峰
编　　委　（按姓氏笔画排序）
　　　　　王建军　田　青　朱　昱　李荣君　宋晓梅　张　平
　　　　　张素梅　张晓东　陈伟伟　段文志
工作人员　杜长杰　陈　蘅

前　言

　　交通运输是现代经济社会正常运行的基础保障。经济社会实现现代化首先要求交通运输现代化。交通运输的发展不仅是为了满足交通运输的需求，而且是为经济社会的可持续发展提供基础支撑条件。我国的经济与社会正经历着从起飞进入持续增长的历史发展时期，各种运输的需求在不断快速地增长，加大交通运输投资、较早实现交通运输现代化，可显著地改善区域之间和区域内的流通条件和降低交易成本，使各种资源能够在更大的范围内自由地、便捷地流动，实现资源的优化配置，为经济社会的专业化分工提供更多的社会资本支持。

　　中国经济的腾飞为交通发展带来了蓬勃的生机，但日益增长的交通需求也对交通管理提出了新的挑战。因此我们有必要建立一套科学的涵盖各种交通运输方式的综合交通数据库和决策支持系统，让各种分散的交通数据能得到有效的挖掘和利用，从而切实提高交通运输管理、规划和科学决策能力。

　　《中国交通运输图谱》所有动态图表均来自"中国智慧数据在线"（简称"中国智数"）平台。"中国交通智慧数据在线"是"中国智数"的一部分，是由世界知名智能系统专家打造的中国独家交通行业数据覆盖面最广、数据来源最权威、数据更新最及时、数据分析功能最强大的专业在线数据展示和分析服务平台。平台基于海量中国综合交通数据库，收集包括国家统计局、交通部、铁道部、民航总局、海关总署、中国证监会、商务部和交通运输互联网站等公开渠道发布的交通运输行业相关数据，根据我们多年在美国和中国实施智能分析系统的成功经验和最佳实践模板，采用当今最先进的信息技术开发而成。"中国交通智慧数据在线"平台具有强大的指标计算、动态图表、分析功能和自助报表功能。系统从各种运输方式的固定资产投资、交通能源消耗、交通基础设施、交通设备和工具进出口、交通工具拥有量、交通运输价格、行业企业就业和工资、各种交通指数、私人汽车注册量、客货运量和周转量、客货运输平均距离、交通事故等方方面面通过动态数据和图表描述交通行业的全貌、发展趋势、市场动态、价格走势、股市行情等信息。系统通过时间（年、季、月、日）、区域（全国、大区、省份、城市、港口、车站）、交通运输方式（铁路、公路、水运、民航、管道）、运输工具（铁路机车、客货车、载客汽车、载货汽车）、港口（沿海港口、内河港口）、货种（煤炭、石油、钢铁、粮食等）、企业类型（行业、民用、私企、民企、外企）等维度对交通里程、港口泊位数、交通运输量、运输周转量、运输平均距离、港口吞吐量、民航飞行小时、交通事故次数等指标进行专业动态在线分析。作为重要的交通行业数据分析和决策支持工具，目前已经有成千上万的企业和个人用户在使用本平台提供的功能强大的在线数据分析和挖掘产品。

通过"中国交通智慧数据平台"的服务，企业和个人用户可以快速捕捉行业内外部市场信息，减少数据采集和分析成本，提高工作效率，降低运营成本，优化资源配置，增强企业对市场变化的预警和应变能力。尤其是在当前市场行情瞬息万变的情况下，企业和个体用户可以充分利用平台强大的分析和挖掘功能，及时掌握原材料和产品价格变化和竞争对手动态，及早制定应对策略，提高重要决策科学化水平。

"中国智慧数据在线"平台由留美海归符彪博士和符合兄弟领军打造。符氏兄弟在20世纪80年代出国留学和工作，1998年在美国创立Fuguji LLC从事商务智能系统开发和培训业务，2002年符氏兄弟在美国出版商务智能专著并连续在Amazon在线购书平台名列畅销书榜。2003年符氏兄弟创立北京固基，2006年创立长沙固基，2010年创立无锡固基公司，国内外客户包括日本索尼、法国施耐德电器、中国电信、海尔集团、济南钢铁集团、中国民生银行等。企业还获得北京市高新技术企业认证、中国软件著作权和软件企业认证、中关村留学生创业基金、科技部中小企业创新基金、无锡530领军型创业人才基金资助。公司产品还分别在2007年和2009年两次获教育部"春晖杯"中国留学人员创新创业大赛一等奖。

在《中国交通运输图谱》发行之际，符氏兄弟借此机会特别感谢在国内求学和工作期间对我们付出辛勤培育和提携的导师和老前辈，包括西北工业大学赵令诚教授、大连理工大学程耿东教授和王众讬教授、美国Rensselaer Polytechnic Institute的Prabhat Hajela教授、武汉理工大学吴秀恒教授、已故上海海事大学冯蔚然教授、原上海船舶运输研究所张德洪所长、原国家发改委综合运输研究所王德荣所长等。

我们希望《中国交通运输图谱》的出版能为中国交通运输行业的建设和发展提供一个有用的工具，也希望大家将意见和建议及时告诉我们，我们的联系方式如下：

网址：www.ChinaDataMonitor.com
MSN：chinadatamonitor@gmail.com
Email：Henry.Fu@ChinaDataMonitor.com
QQ：827431450
电话：010-52039013

目　录

1　交通与国民经济

1.1　货运量与国民经济主要指标的弹性系数 3

1.2　交通固定资产投资 3

    1.2.1　主要省市交通固定资产投资趋势 3

    1.2.2　按运输方式主要省市交通固定资产投资 4

    1.2.3　按区域交通固定资产投资 4

    1.2.4　按区域和运输方式交通固定资产投资占比 5

    1.2.5　华东地区各省市交通固定资产投资累计值 5

    1.2.6　华北地区各省市交通固定资产投资累计值 6

    1.2.7　主要省市公路交通固定资产投资 6

    1.2.8　主要省市内河交通固定资产投资累计值 7

    1.2.9　主要省市沿海交通固定资产投资累计值 7

1.3　各种运输方式新增产能情况 8

1.4　交通与就业 8

    1.4.1　分行业交通运输就业趋势 8

    1.4.2　各地区交通行业职工人数 9

    1.4.3　华北地区各省市交通行业职工人数 9

    1.4.4　东北地区各省市交通行业职工人数 10

    1.4.5　华东地区各省市交通行业职工人数 10

    1.4.6　华南地区各省市交通行业职工人数 11

    1.4.7　西北地区各省市交通行业职工人数 11

    1.4.8　西南地区各省市交通行业职工人数 12

    1.4.9　中南地区各省市交通行业职工人数 12

2　交通和能源及环境

2.1　分行业能源消费 15
2.1.1　分行业各种能源消耗总量 15
2.1.2　交通行业按能源种类消耗总量和占比 15
2.2　民航各主要航空公司航油消耗 16
2.2.1　民航主要航空公司航油消耗 16
2.2.2　主要航空公司按机型航油消耗情况 16

3　交通运输运费和指数

3.1　国际运价指数 19
3.1.1　波罗的海航运价格指数 19
3.1.2　大西洋海岬型船运价指数（SSYACI） 19
3.1.3　太平洋海岬型船运价指数（SSYPCI） 20
3.1.4　世界油轮运价统计（BITR） 20
3.2　国内运价指数 21
3.2.1　出口集装箱运价指数（CCFI） 21
3.2.2　中国航空运输系列指数 21
3.2.3　沿海散货船成品油运价指数（CCBFI） 22
3.2.4　沿海散货船金属矿石运价指数（CCBFI） 22
3.2.5　沿海散货船粮食运价指数（CCBFI） 23
3.2.6　沿海散货船煤炭运价指数（CCBFI） 23
3.2.7　沿海散货船原油运价指数（CCBFI） 24
3.3　国际运输价格 24
3.3.1　铁矿石按航线每日运价趋势 24
3.3.2　铁矿石按航线每日运价 25
3.4　国内运输价格 25
3.4.1　成品油按航线每日运价 25
3.4.2　金属矿石按航线每日运价 26

3.4.3	粮食按航线每日运价	26
3.4.4	煤炭按航线每日运价	27
3.4.5	原油按航线每日运价	27

4 交通系统

4.1	全国运输线路里程	31
4.1.1	历年运输里程发展趋势	31
4.1.2	各种运输方式线路长度	31
4.2	分地区运输线路长度	32
4.2.1	按地区分运输方式线路里程	32
4.2.2	分省市运输线路长度排名	32
4.2.3	各地区运输线路长度分布和占比	33
4.2.4	华东地区各省运输线路长度和占比	33
4.3	运输线路质量	34
4.3.1	国家运输线路质量概览	34
4.3.2	华北地区公路运输线路质量	34
4.3.3	华东地区公路运输线路质量	35
4.3.4	主要省市公路运输线路质量	35
4.4	沿海主要港口码头泊位数	36
4.4.1	南方沿海主要港口码头情况	36
4.4.2	南方沿海主要港口泊位情况	36
4.4.3	北方沿海主要港口码头情况	37
4.4.4	北方沿海主要港口泊位情况	37
4.5	民用航空机场航线和飞机装备	38

5 交通工具拥有量

5.1	铁路机车拥有量	41

		5.1.1	全国铁路机车拥有量概况	41
		5.1.2	全国分企业类型铁路机车拥有量	41

	5.2	国家铁路客货车拥有量		42
		5.2.1	全国铁路客货车拥有量概况	42
		5.2.2	全国铁路客车分车型拥有量	42
		5.2.3	全国铁路货车分车型拥有量	43

	5.3	主要民航公司飞机拥有量		43

	5.4	新注册民用汽车数量		44
		5.4.1	全国新注册民用汽车概况	44
		5.4.2	全国新注册民用客车分车型概况	44
		5.4.3	全国新注册民用货车分车型概况	45
		5.4.4	按大区新注册民用汽车概况	45
		5.4.5	按大区新注册民用客车概况	46
		5.4.6	按大区新注册民用货车概况	46
		5.4.7	按省市新注册民用汽车概况	47
		5.4.8	按省市新注册民用客车概况	47
		5.4.9	按省市新注册民用货车概况	48

	5.5	民用汽车拥有量		48
		5.5.1	全国民用汽车拥有量概况	48
		5.5.2	民用客车分车型拥有量	49
		5.5.3	民用货车分车型拥有量	49
		5.5.4	按大区民用汽车拥有量	50
		5.5.5	按大区民用客车分车型拥有量	50
		5.5.6	按大区民用货车分车型拥有量	51
		5.5.7	按省市民用汽车拥有量	51
		5.5.8	按省市民用客车分车型拥有量	52
		5.5.9	按省市民用货车分车型拥有量	52

	5.6	全国机动车驾驶员数量		53
		5.6.1	全国按区域机动车驾驶员数量	53
		5.6.2	分省市机动车驾驶员数量	53

6　交通工具产量和进出口量

6.1　机车和民用钢质船舶产量
6.1.1　全国铁路机车生产趋势 ... 57
6.1.2　全国铁路机车生产概况 ... 57
6.1.3　全国民用钢质船舶产量 ... 58
6.1.4　全国民用钢质船舶生产概况 ... 58
6.1.5　全国汽车生产趋势 ... 59
6.1.6　全国汽车生产概况 ... 59

6.2　民用船舶进出口
6.2.1　民用船舶进口趋势 ... 60
6.2.2　民用船舶进口情况 ... 60
6.2.3　民用船舶出口趋势 ... 61
6.2.4　民用船舶单月出口情况 ... 61
6.2.5　民用船舶分船型出口趋势 ... 62
6.2.6　民用船舶进出口趋势 ... 62
6.2.7　民用船舶进出口情况 ... 63

6.3　民用飞机进口
6.3.1　民用飞机进口情况趋势 ... 63
6.3.2　民用飞机进口单月情况 ... 64

7　旅客运输量

7.1　各种运输方式客运量和客运周转量
7.1.1　全国客运量和客运周转量趋势 ... 67
7.1.2　全国客运量和客运周转量及同比 ... 67
7.1.3　全国各种运输方式客运量趋势 ... 68
7.1.4　全国各种运输方式客运量 ... 68
7.1.5　全国各种运输方式当月客运周转量和同比 ... 69
7.1.6　全国各种运输方式累计客运周转量和同比 ... 69

  7.1.7 全国各种运输方式客运量比重 70
  7.1.8 全国旅客运输平均运距 70

7.2 公路分地区客运指标 71
  7.2.1 公路按区域客运量趋势 71
  7.2.2 公路分地区客运量 71
  7.2.3 公路分省市客运量 72
  7.2.4 公路按区域客运周转量趋势 72
  7.2.5 公路按区域客运周转量 73
  7.2.6 公路按省市客运周转量 73
  7.2.7 公路按区域客运平均距离 74
  7.2.8 公路按省市客运平均距离 74

7.3 水路运输分地区客运量 75
  7.3.1 水路运输按区域客运量 75
  7.3.2 水路运输按省市客运量 75
  7.3.3 水路运输按区域客运周转量 76
  7.3.4 水路运输按省市客运周转量 76
  7.3.5 水路运输按省市客运平均运距 77

7.4 国家铁路主要车站旅客发送量 77

7.5 国际航空客运统计 78
  7.5.1 中国民航国际航空客运当月绩效指标 78
  7.5.2 中国民航国际航空客运累计绩效指标 78

8 货物运输量

8.1 各种运输方式货运量和货运周转量 81
  8.1.1 全国货运量和货运周转量指标 81
  8.1.2 全国各种运输方式货运量指标 81
  8.1.3 全国各种运输方式货运周转量指标 82
  8.1.4 全国各种运输方式货运量累计指标 82
  8.1.5 全国各种运输方式货运周转量累计指标 83

8.2 公路分地区货运指标 83
8.2.1 公路分地区货运量 83
8.2.2 公路分省市货运量 84
8.2.3 公路分区域货运周转量 84
8.2.4 公路分省市货运周转量 85
8.2.5 公路分区域货运平均运距 85
8.2.6 公路分省市货运平均运距 86

8.3 水路分地区货运指标 86
8.3.1 水路按区域货运量指标 86
8.3.2 水路按省市货运量指标 87
8.3.3 水路按区域货运周转量指标 87
8.3.4 水路按省市货运周转量指标 88
8.3.5 水路按省市货运平均运距 88

8.4 国家铁路主要车站货物发送量 89

8.5 国际航空货运统计 89
8.5.1 中国民航国际航空货运当月统计 89
8.5.2 中国民航国际航空货运累计指标 90

9 主要港口吞吐量

9.1 内河主要港口客货吞吐量 93
9.1.1 内河主要港口旅客吞吐量 93
9.1.2 内河主要港口外贸货物吞吐量 93
9.1.3 内河主要港口货物吞吐量 94
9.1.4 内河主要港口客货累计吞吐量 94

9.2 沿海主要港口客货吞吐量 95
9.2.1 沿海主要港口旅客吞吐量 95
9.2.2 沿海主要港口外贸货物吞吐量 95
9.2.3 沿海主要港口货物吞吐量 96
9.2.4 沿海主要港口客货累计吞吐量 96

10 主要机场和航空公司指标

10.1 机场绩效指标 99
10.1.1 主要机场旅客吞吐量当月值和同比 99
10.1.2 主要机场旅客吞吐量累计值和同比 99
10.1.3 主要机场货邮吞吐量当月值和同比 100
10.1.4 主要机场货邮吞吐量累计值和同比 100
10.1.5 主要机场起降架次当月值和同比 101
10.1.6 主要机场起降架次累计值和同比 101
10.1.7 主要机场客货吞吐量和同比 102

10.2 主要航空公司绩效指标 102
10.2.1 主要民航公司飞行绩效指标 102
10.2.2 主要民航公司客货运输绩效指标 103

11 交通安全

11.1 全国道路交通事故 107
11.1.1 全国道路交通事故概览 107
11.1.2 全国按区域道路交通事故 107

11.2 全国道路按原因交通事故 108

12 交通行业上市公司

12.1 交通行业股票市场规模 111
12.1.1 交通行业和股票市场规模 111
12.1.2 交通行业按成交量股票交易规模 111

12.2 交通行业上市公司 112
12.2.1 交通行业上市公司按总资产排名 112
12.2.2 交通行业上市公司按营业总收入排名 112
12.2.3 交通行业上市公司按员工人数排名 113

  12.2.4 广东省交通行业 A 股上市公司机构持股排名 113

12.3 交通行业上市公司股市交易 114

  12.3.1 交通行业上市公司日交易排名 114

  12.3.2 航空运输上市公司当日股市资金增仓情况 114

12.4 交通行业上市公司财务报表 115

  12.4.1 交通行业上市公司资产负债表排名 115

  12.4.2 交通行业上市公司每股收入指标排名 115

12.5 交通行业上市公司经营数据——高速公路类 116

13 城市交通

13.1 河北城市客货运输概况 119

13.2 河北城市按运输方式运输量 119

13.3 河北城市客货运输情况 120

13.4 湖南城市客货运输情况 120

后 记 121

1 交通与国民经济

Chapter 1

- 1.1 货运量与国民经济主要指标的弹性系数
- 1.2 交通固定资产投资
- 1.3 各种运输方式新增产能情况
- 1.4 交通与就业

1.1 货运量与国民经济主要指标的弹性系数

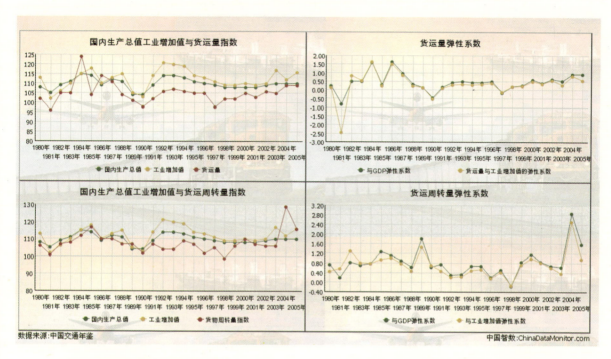

1.2 交通固定资产投资

1.2.1 主要省市交通固定资产投资趋势

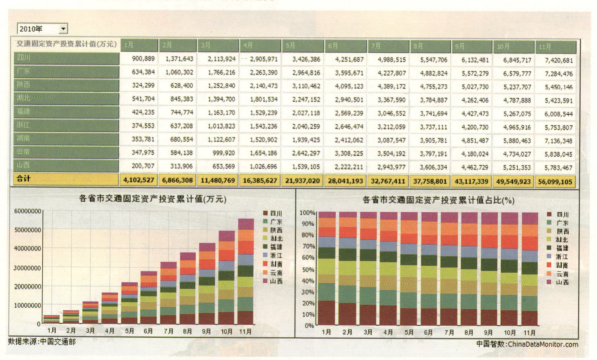

1.2.2　按运输方式主要省市交通固定资产投资

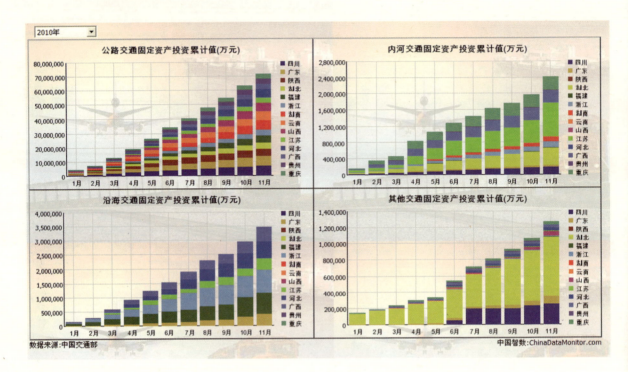

1.2.3　按区域交通固定资产投资

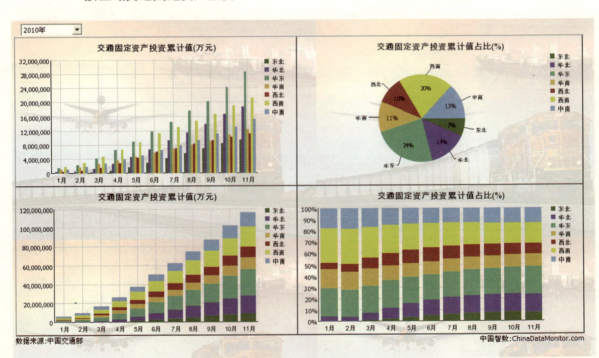

1.2.4 按区域和运输方式交通固定资产投资占比

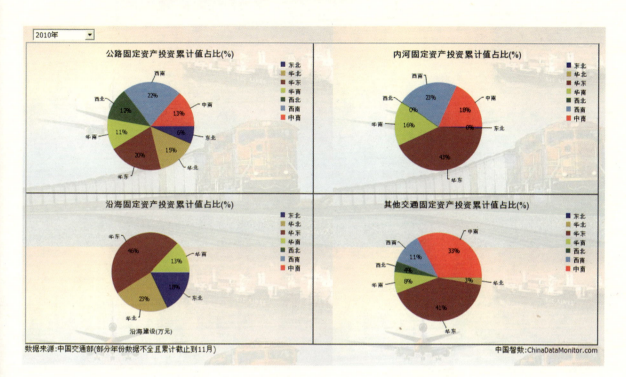

1.2.5 华东地区各省市交通固定资产投资累计值

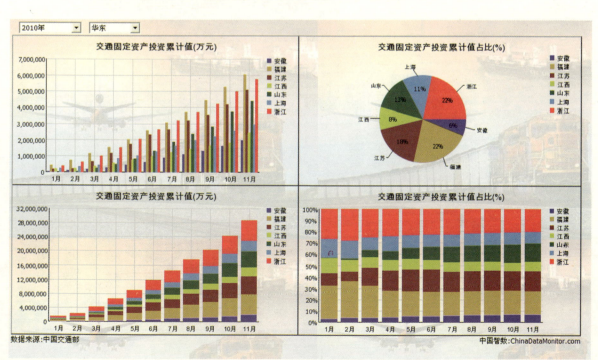

1.2.6 华北地区各省市交通固定资产投资累计值

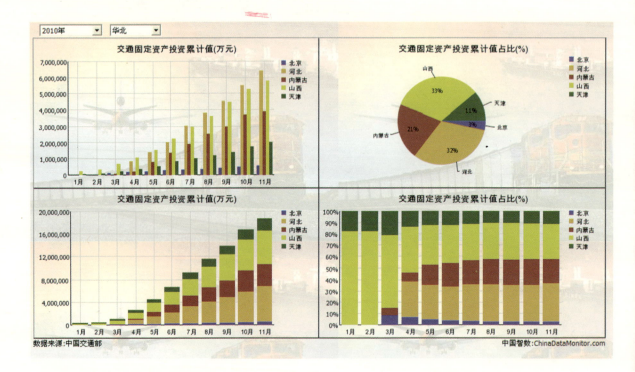

1.2.7 主要省市公路交通固定资产投资

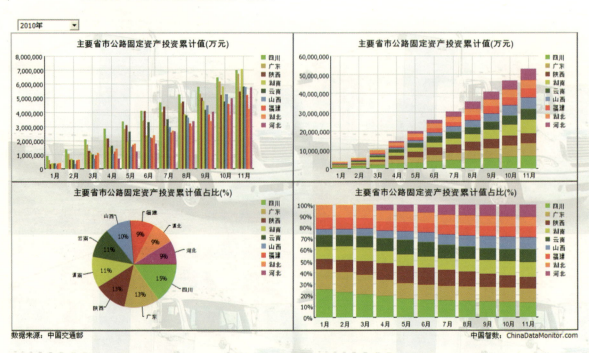

1.2.8　主要省市内河交通固定资产投资累计值

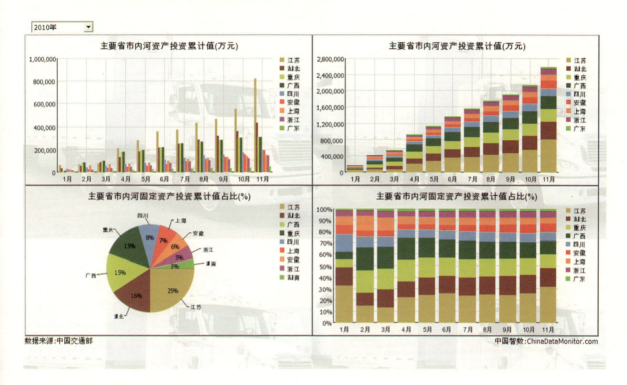

1.2.9　主要省市沿海交通固定资产投资累计值

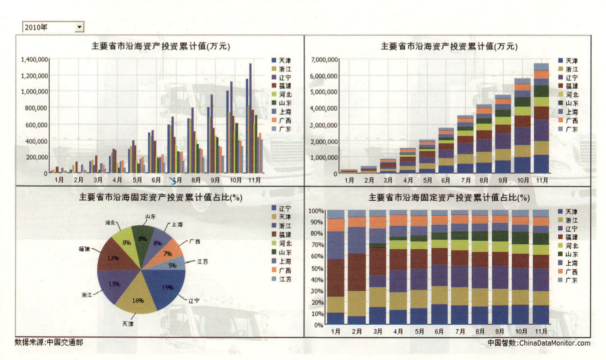

1.3 各种运输方式新增产能情况

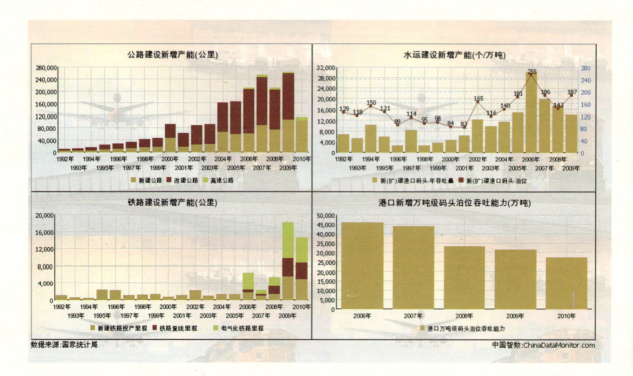

1.4 交通与就业

1.4.1 分行业交通运输就业趋势

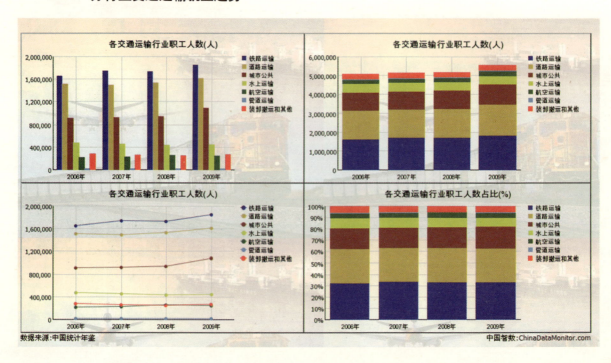

1.4.2 各地区交通行业职工人数

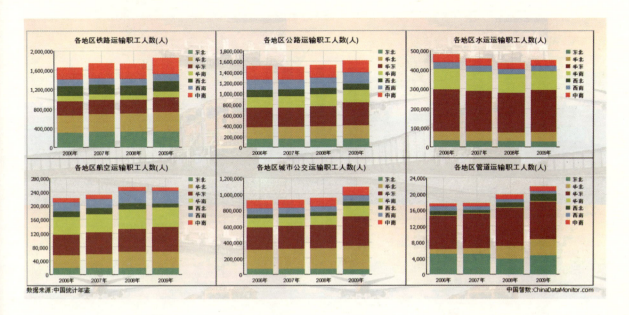

1.4.3 华北地区各省市交通行业职工人数

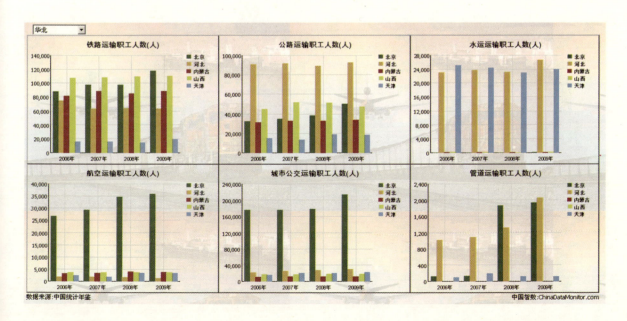

1.4.4 东北地区各省市交通行业职工人数

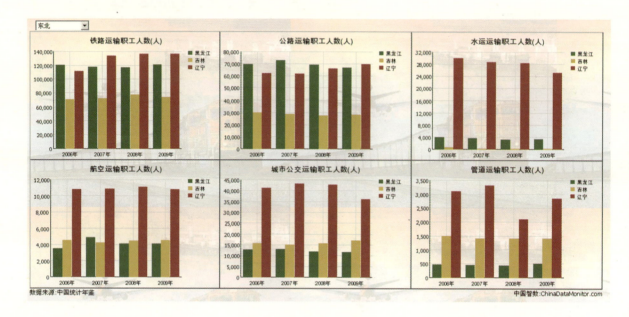

1.4.5 华东地区各省市交通行业职工人数

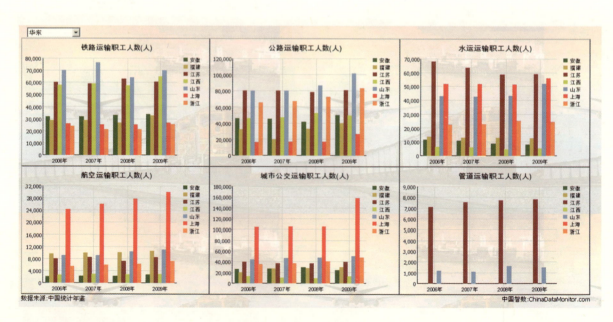

1.4.6　华南地区各省市交通行业职工人数

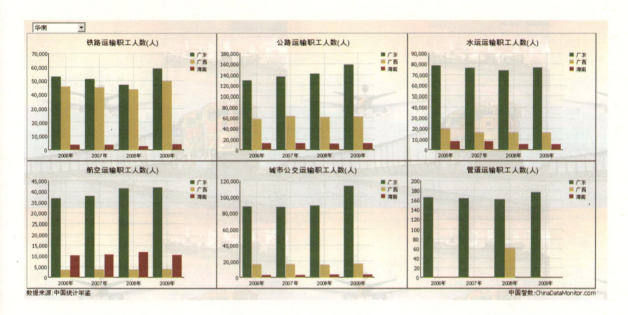

1.4.7　西北地区各省市交通行业职工人数

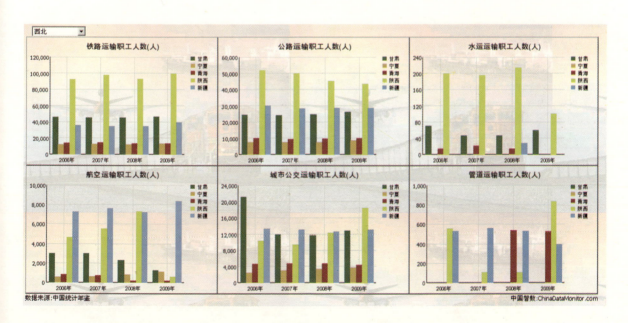

1.4.8 西南地区各省市交通行业职工人数

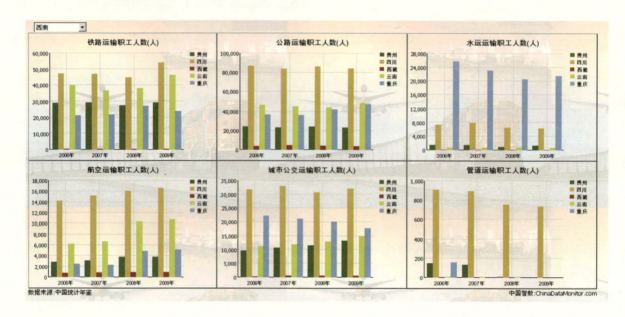

1.4.9 中南地区各省市交通行业职工人数

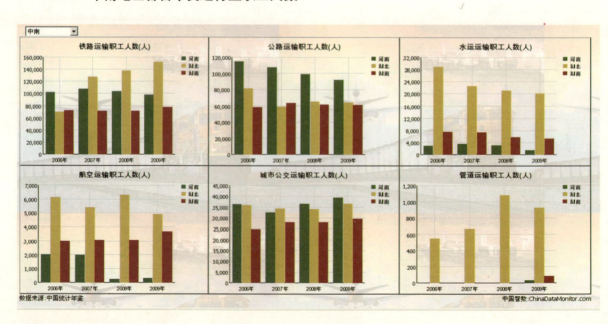

2 交通和能源及环境

Chapter 2

> 2.1 分行业能源消费

> 2.2 民航各主要航空公司航油消耗

2.1 分行业能源消费
2.1.1 分行业各种能源消耗总量

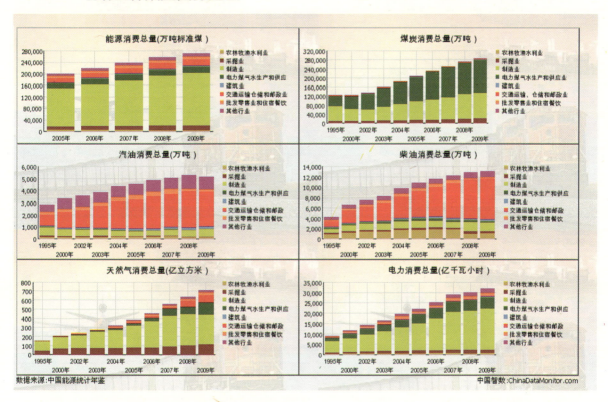

2.1.2 交通行业按能源种类消耗总量和占比

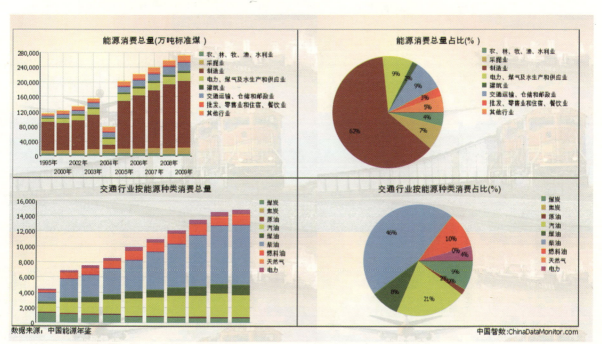

2.2 民航各主要航空公司航油消耗
2.2.1 民航主要航空公司航油消耗

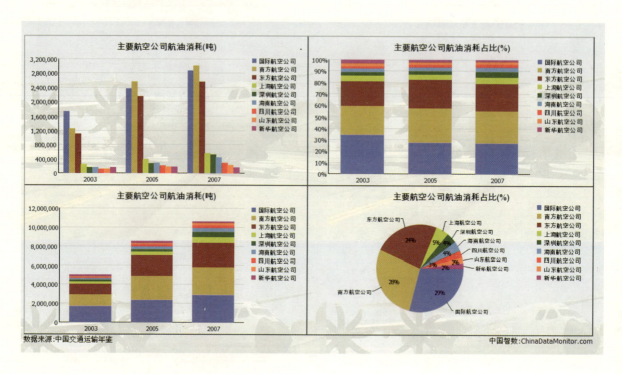

2.2.2 主要航空公司按机型航油消耗情况

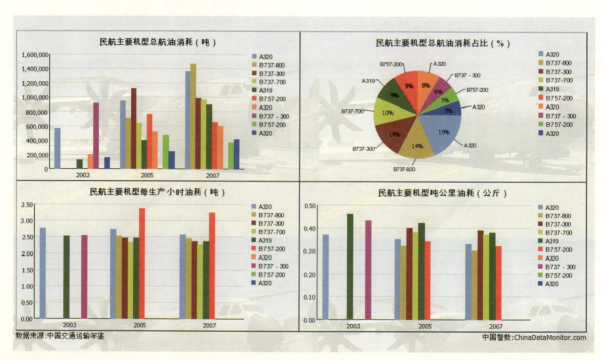

3 交通运输运费和指数

Chapter 3

- 3.1 国际运价指数
- 3.2 国内运价指数
- 3.3 国际运输价格
- 3.4 国内运输价格

3.1 国际运价指数
3.1.1 波罗的海航运价格指数

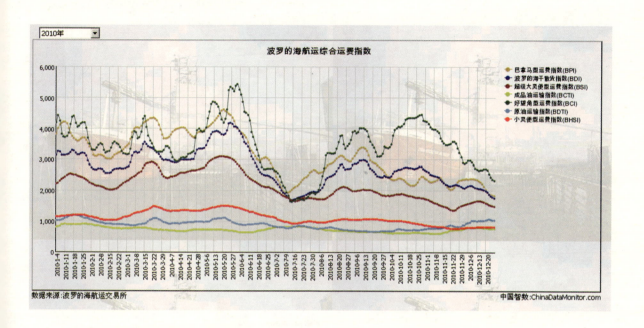

3.1.2 大西洋海岬型船运价指数（SSYACI）

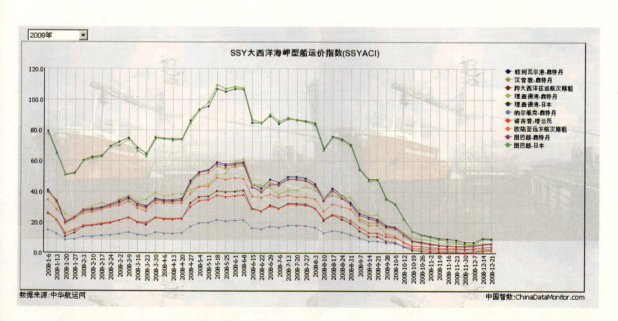

3.1.3 太平洋海岬型船运价指数（SSYPCI）

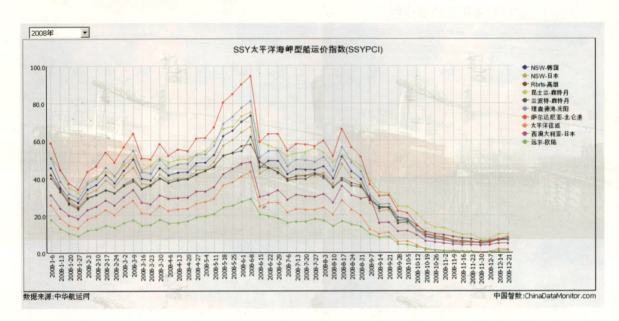

3.1.4 世界油轮运价统计（BITR）

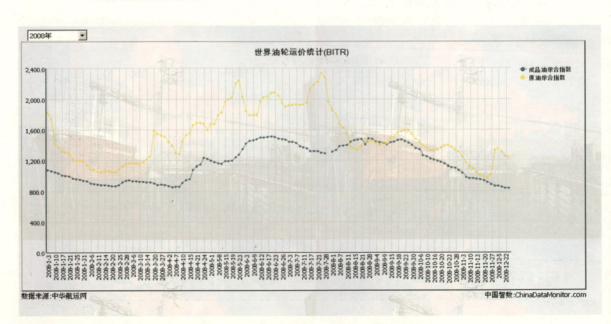

3.2 国内运价指数
3.2.1 出口集装箱运价指数（CCFI）

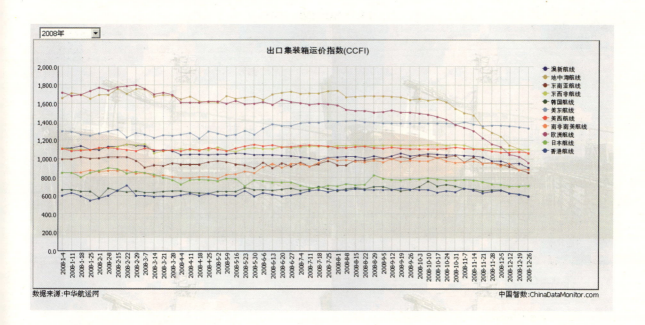

3.2.2 中国航空运输系列指数

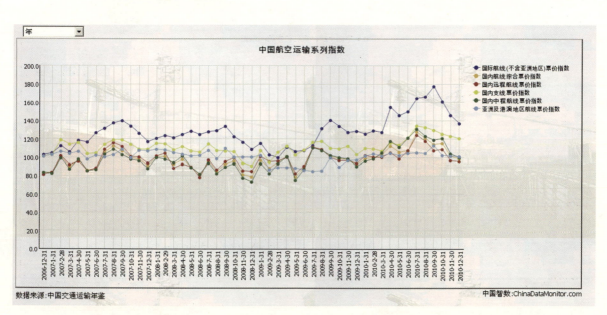

3.2.3 沿海散货船成品油运价指数（CCBFI）

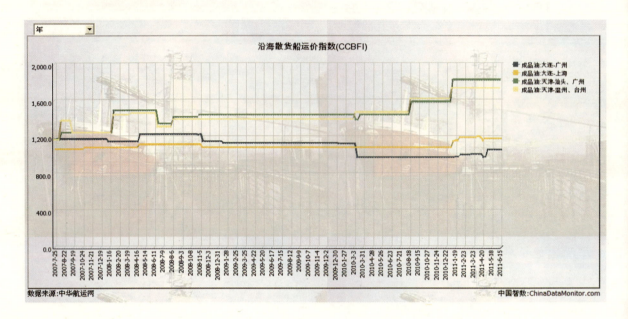

3.2.4 沿海散货船金属矿石运价指数（CCBFI）

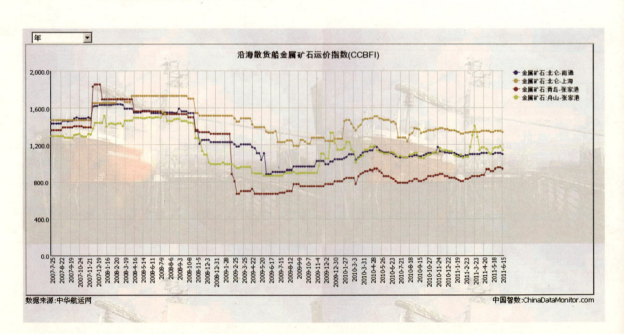

3.2.5 沿海散货船粮食运价指数（CCBFI）

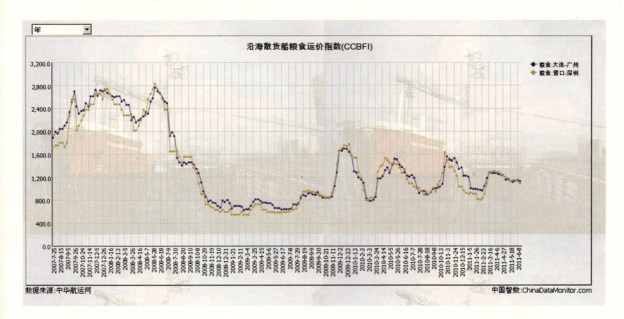

3.2.6 沿海散货船煤炭运价指数（CCBFI）

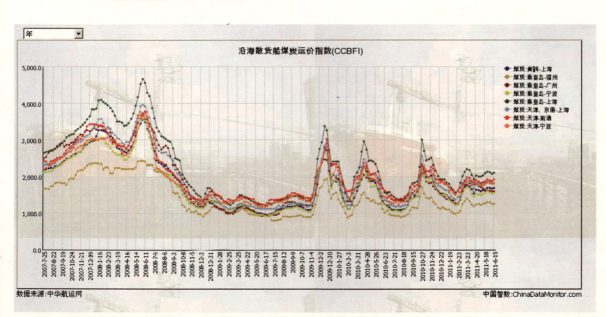

3.2.7 沿海散货船原油运价指数（CCBFI）

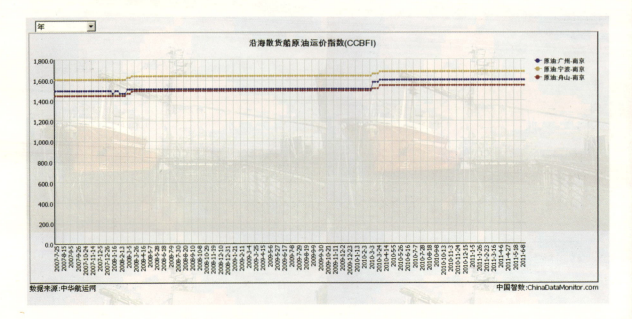

3.3 国际运输价格

3.3.1 铁矿石按航线每日运价趋势

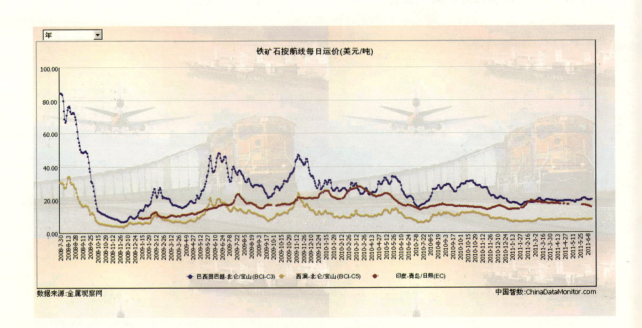

3.3.2 铁矿石按航线每日运价

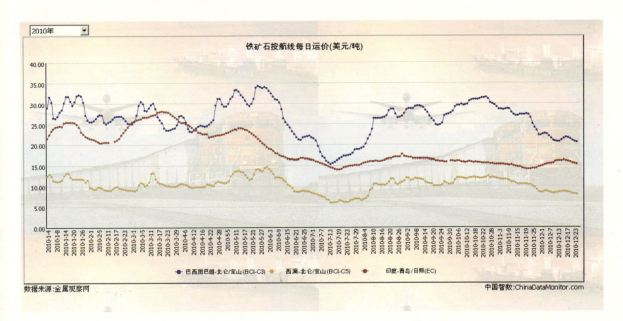

3.4 国内运输价格
3.4.1 成品油按航线每日运价

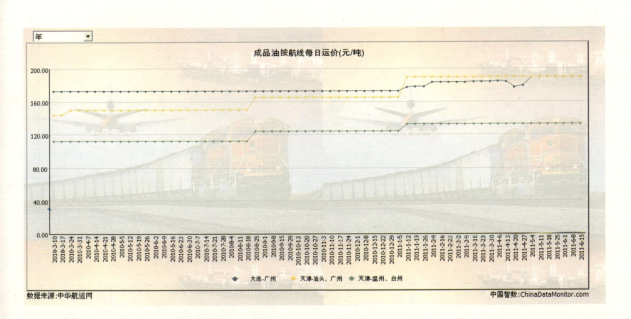

3.4.2 金属矿石按航线每日运价

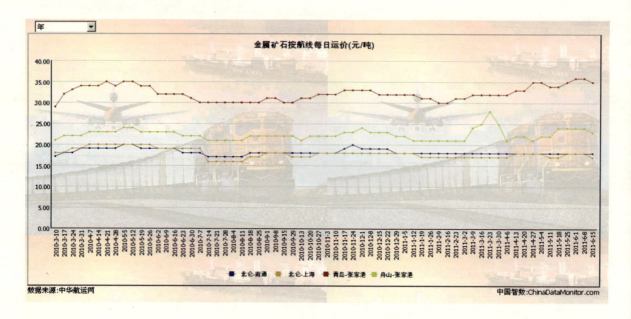

3.4.3 粮食按航线每日运价

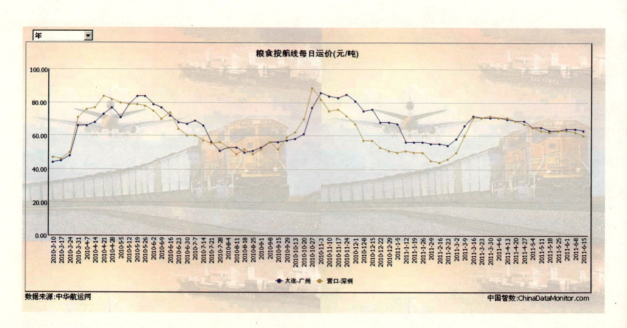

3.4.4 煤炭按航线每日运价

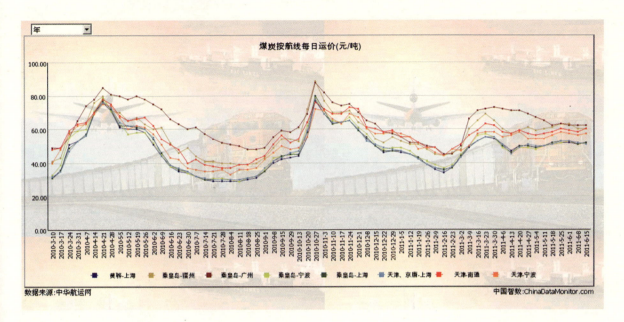

3.4.5 原油按航线每日运价

4 交通系统

Chapter 4

- 4.1 全国运输线路里程
- 4.2 分地区运输线路长度
- 4.3 运输线路质量
- 4.4 沿海主要港口码头泊位数
- 4.5 民用航空机场航线和飞机装备

4.1 全国运输线路里程
4.1.1 历年运输里程发展趋势

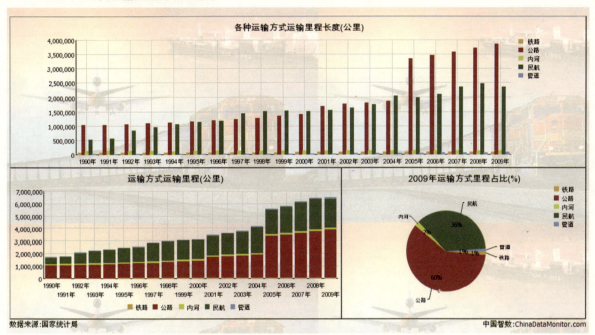

4.1.2 各种运输方式线路长度

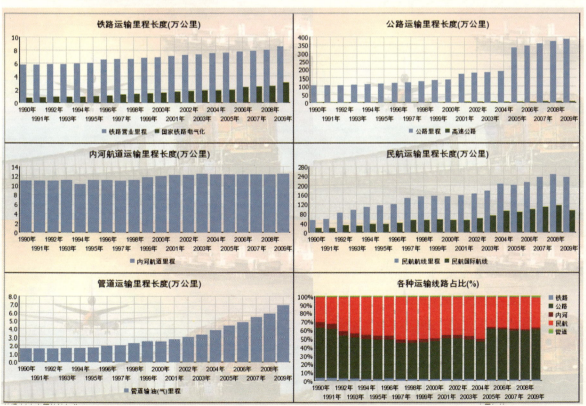

4.2 分地区运输线路长度
4.2.1 按地区分运输方式线路里程

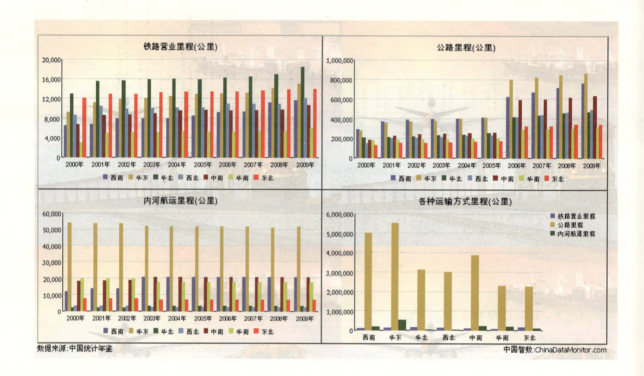

4.2.2 分省市运输线路长度排名

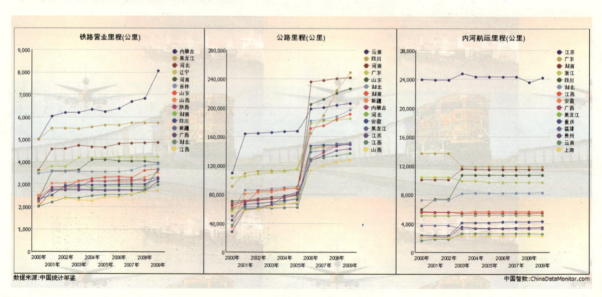

4.2.3 各地区运输线路长度分布和占比

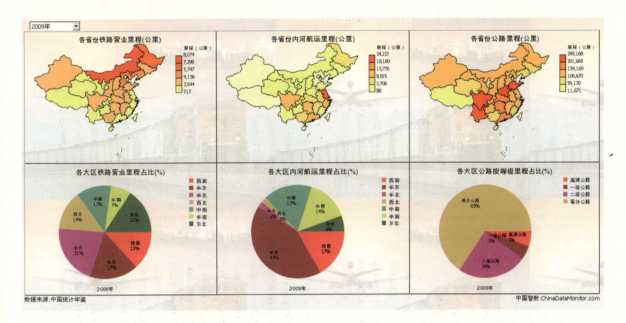

4.2.4 华东地区各省运输线路长度和占比

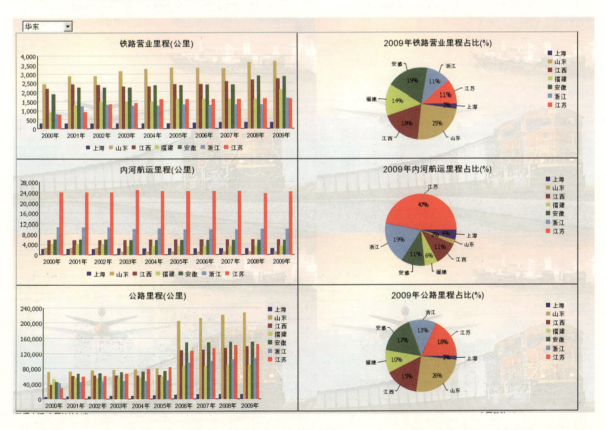

4.3 运输线路质量
4.3.1 国家运输线路质量概览

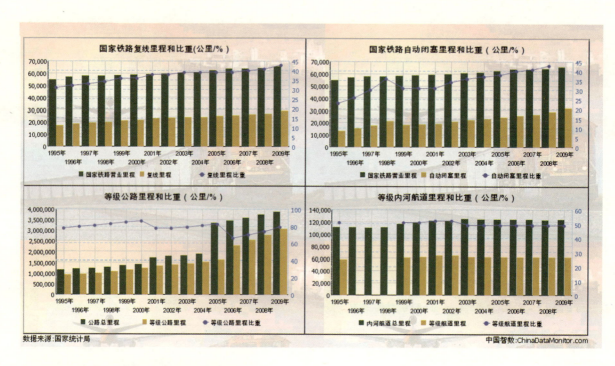

4.3.2 华北地区公路运输线路质量

4.3.3 华东地区公路运输线路质量

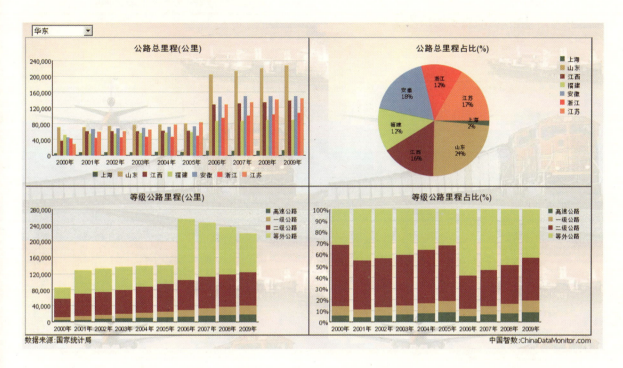

4.3.4 主要省市公路运输线路质量

4.4 沿海主要港口码头泊位数
4.4.1 南方沿海主要港口码头情况

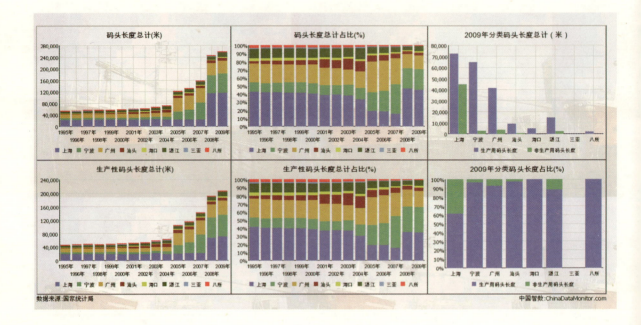

4.4.2 南方沿海主要港口泊位情况

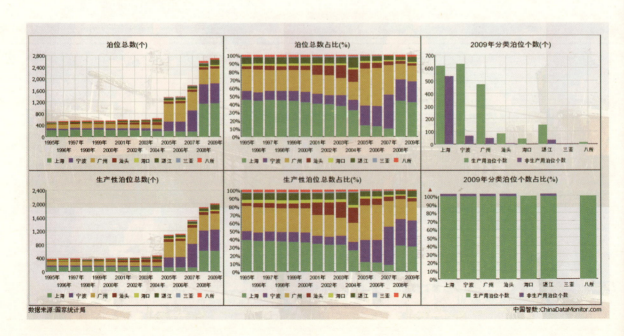

4.4.3 北方沿海主要港口码头情况

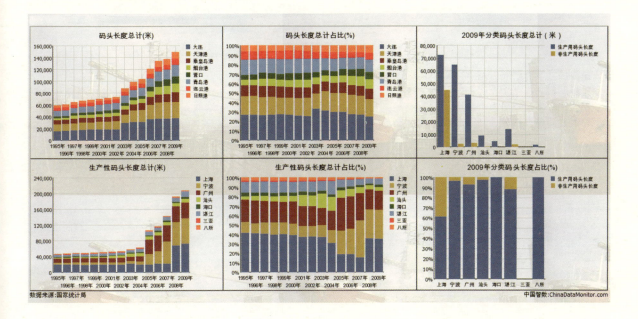

4.4.4 北方沿海主要港口泊位情况

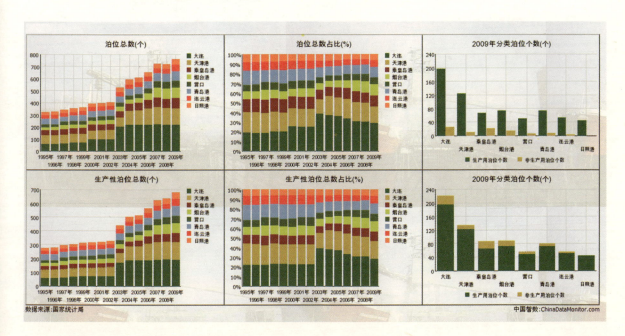

4.5 民用航空机场航线和飞机装备

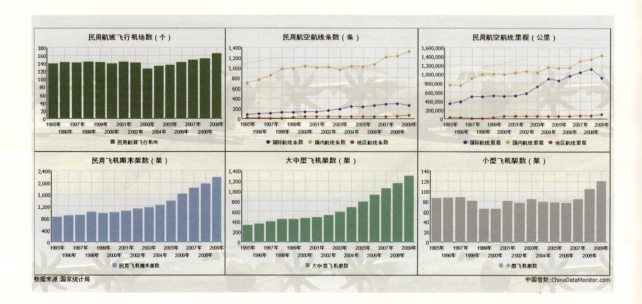

5 交通工具拥有量

Chapter 5

- 5.1 铁路机车拥有量
- 5.2 国家铁路客货车拥有量
- 5.3 主要民航公司飞机拥有量
- 5.4 新注册民用汽车数量
- 5.5 民用汽车拥有量
- 5.6 全国机动车驾驶员数量

5.1 铁路机车拥有量

5.1.1 全国铁路机车拥有量概况

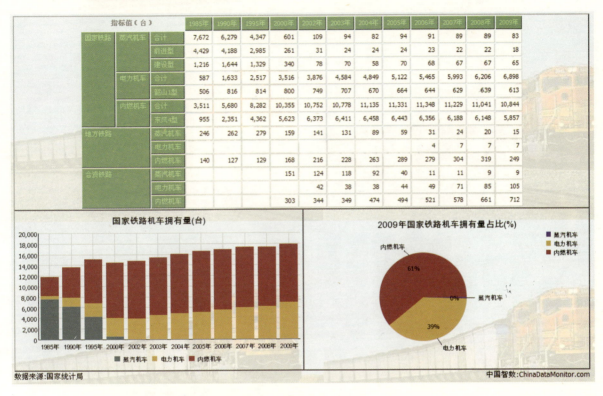

5.1.2 全国分企业类型铁路机车拥有量

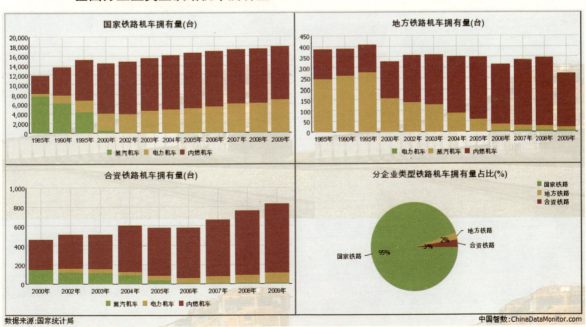

5.2 国家铁路客货车拥有量

5.2.1 全国铁路客货车拥有量概况

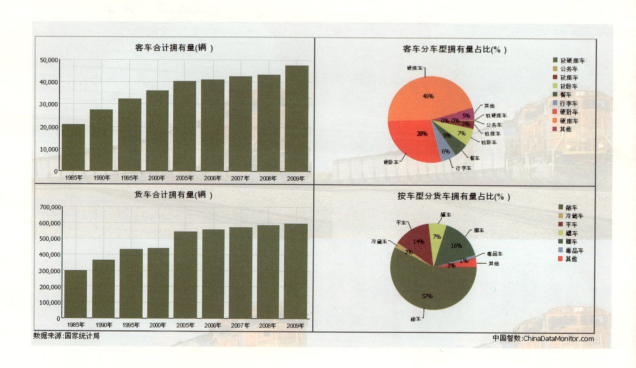

5.2.2 全国铁路客车分车型拥有量

拥有量（辆）	1985年	1990年	1995年	2000年	2005年	2006年	2007年	2008年	2009年
软硬座车	114	63	35	25	2				
公务车	87	77	87	69	78	85	82	77	87
软座车	260	330	574	764	759	794	1,611	2,113	2,603
软卧车	679	1,061	1,537	2,055	3,109	3,209	3,363	3,472	3,976
餐车	1,221	1,520	1,695	1,847	2,108	2,136	2,178	2,185	2,391
行李车	1,498	1,686	1,949	2,144	2,480	2,349	2,411	2,207	2,448
硬卧车	2,633	4,351	7,607	10,139	12,942	13,315	13,786	13,975	15,249
硬座车	13,700	17,503	18,076	17,571	16,900	16,991	16,748	16,641	17,938
其他	680	670	844	1,375	1,950	2,066	2,292	2,545	2,744

5.2.3 全国铁路货车分车型拥有量

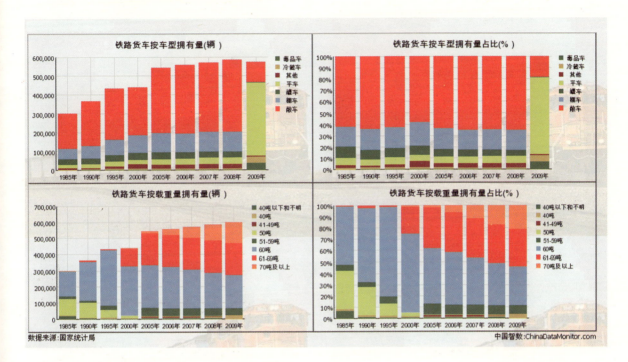

5.3 主要民航公司飞机拥有量

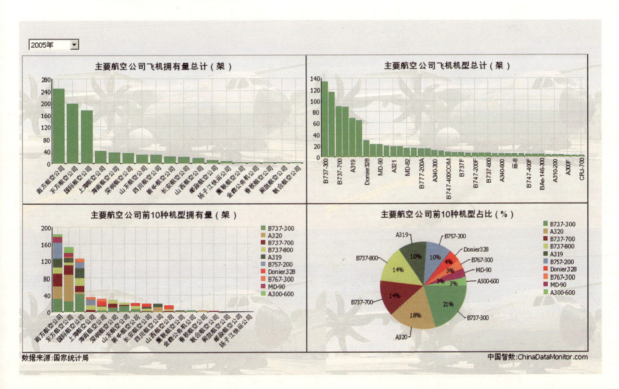

5.4 新注册民用汽车数量
5.4.1 全国新注册民用汽车概况

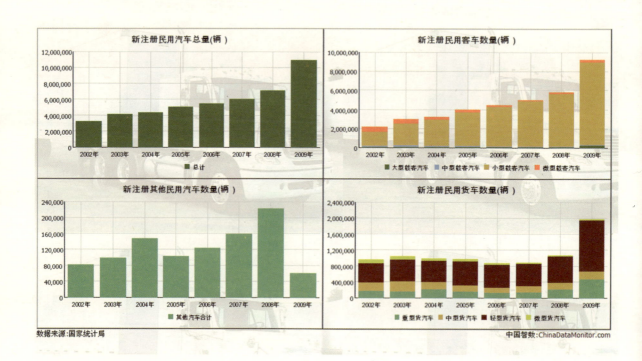

5.4.2 全国新注册民用客车分车型概况

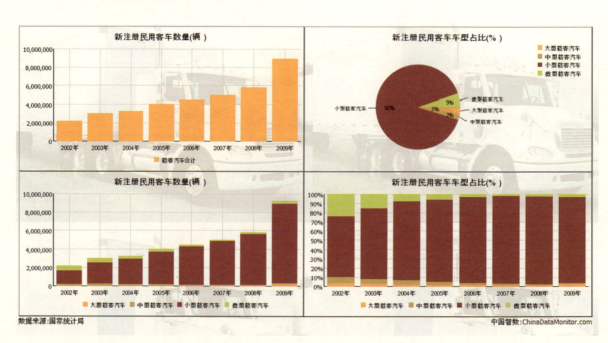

5.4.3 全国新注册民用货车分车型概况

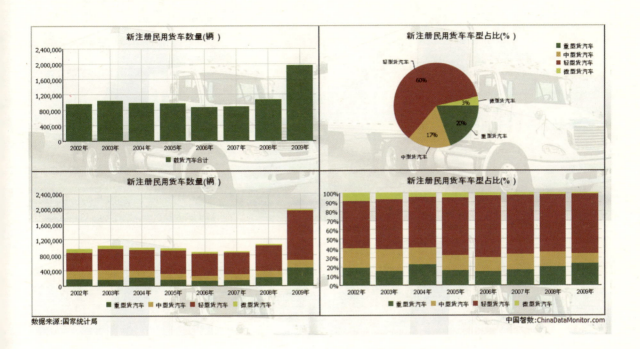

5.4.4 按大区新注册民用汽车概况

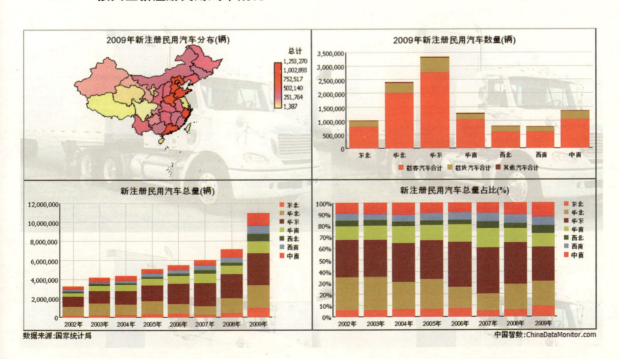

5.4.5 按大区新注册民用客车概况

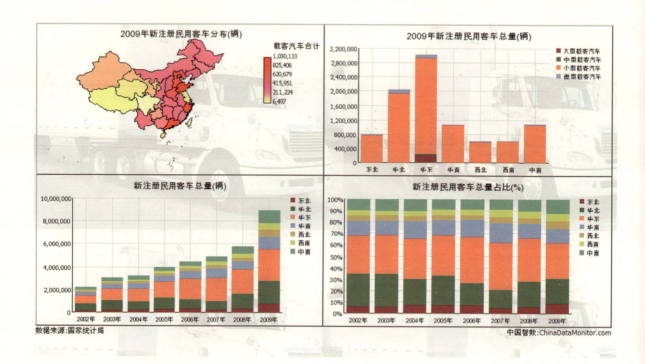

5.4.6 按大区新注册民用货车概况

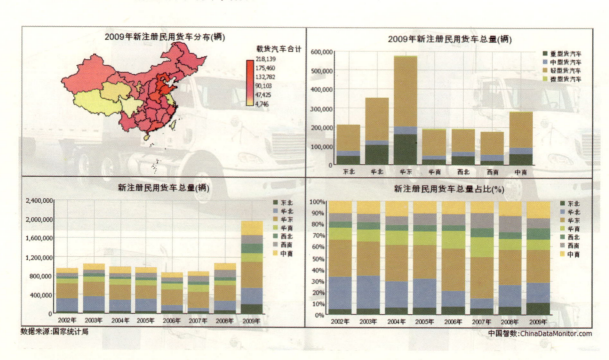

5.4.7 按省市新注册民用汽车概况

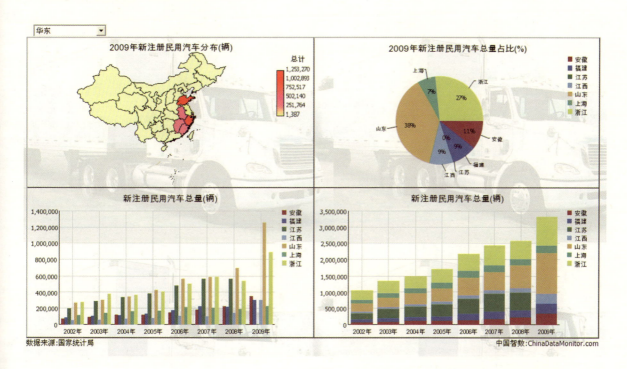

5.4.8 按省市新注册民用客车概况

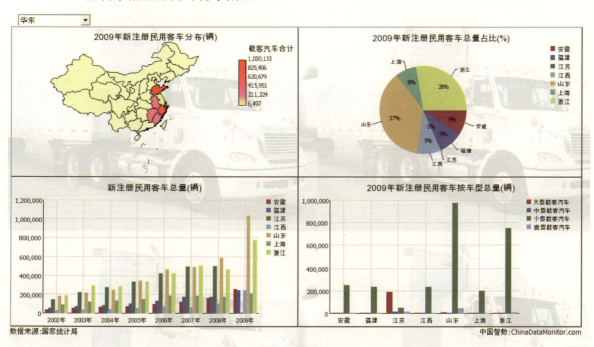

5.4.9 按省市新注册民用货车概况

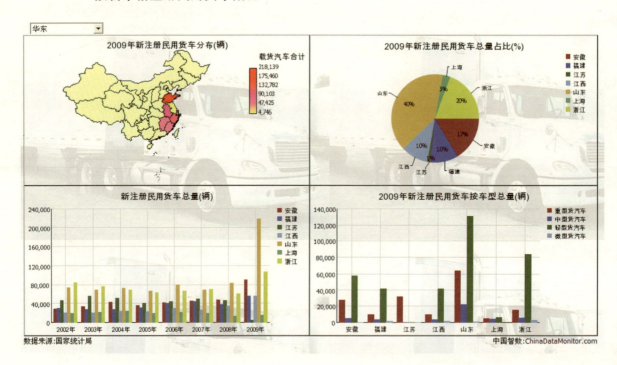

5.5 民用汽车拥有量
5.5.1 全国民用汽车拥有量概况

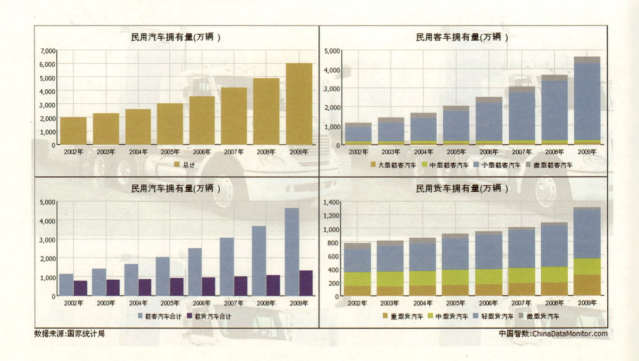

5.5.2 民用客车分车型拥有量

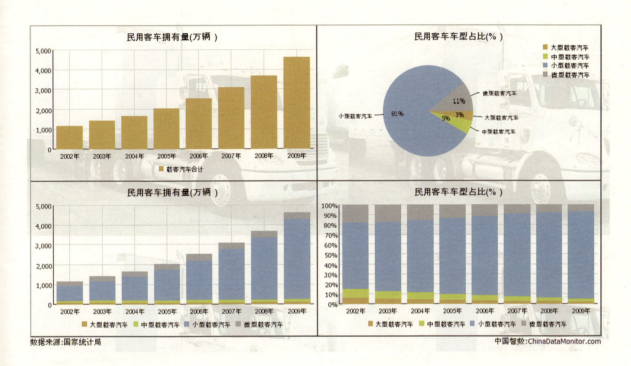

数据来源:国家统计局

5.5.3 民用货车分车型拥有量

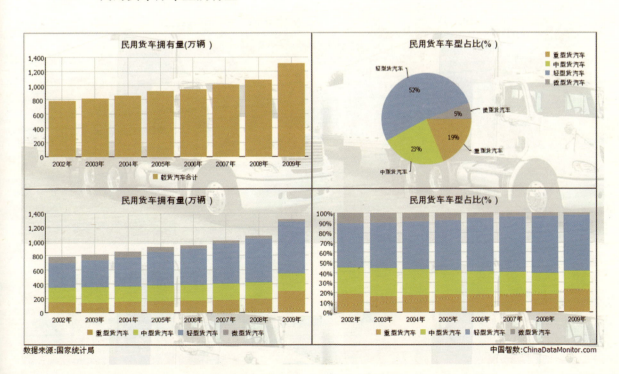

数据来源:国家统计局

5.5.4　按大区民用汽车拥有量

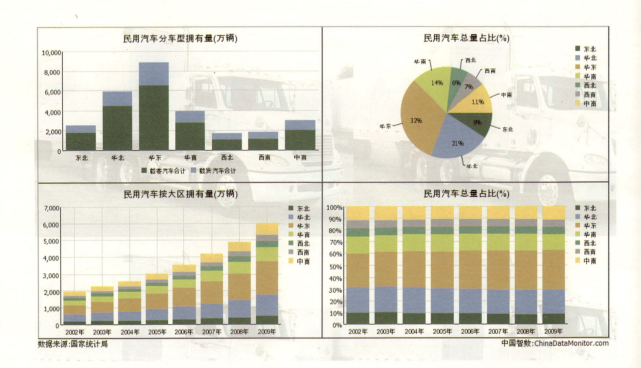

5.5.5　按大区民用客车分车型拥有量

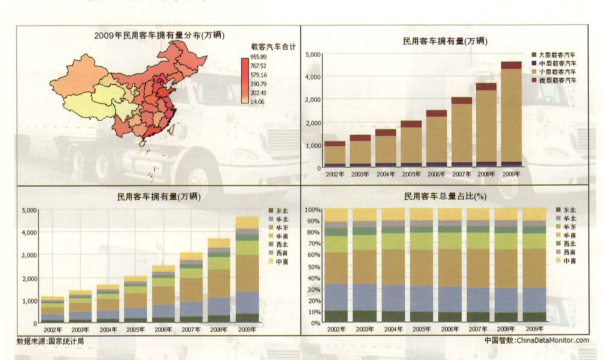

5.5.6　按大区民用货车分车型拥有量

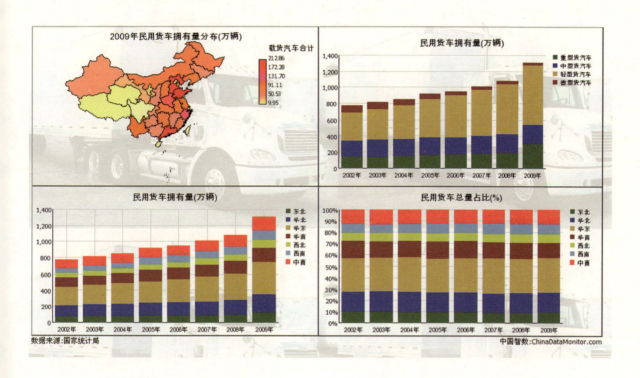

5.5.7　按省市民用汽车拥有量

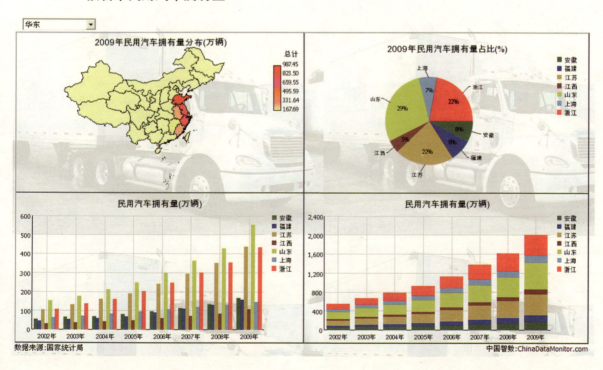

5.5.8 按省市民用客车分车型拥有量

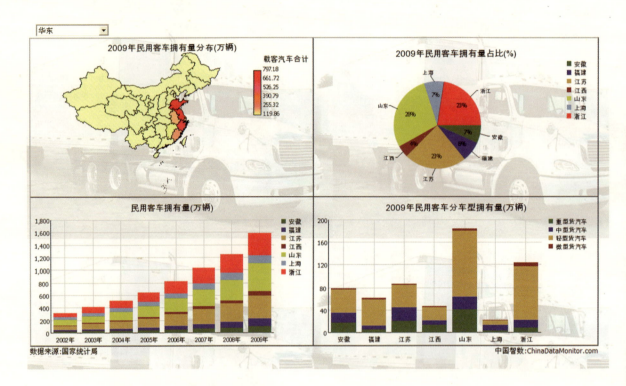

5.5.9 按省市民用货车分车型拥有量

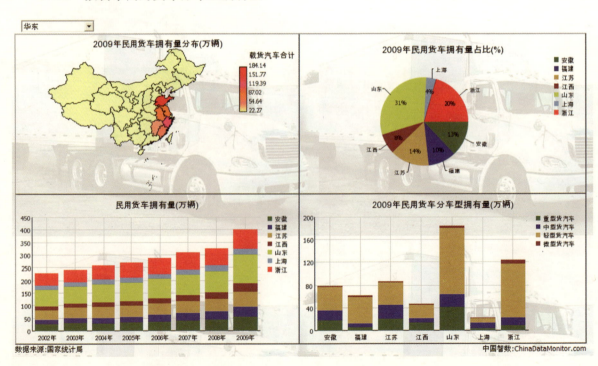

5.6 全国机动车驾驶员数量

5.6.1 全国按区域机动车驾驶员数量

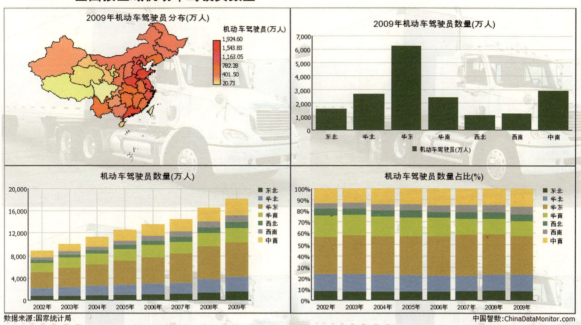

5.6.2 分省市机动车驾驶员数量

华东

		2002年	2003年	2004年	2005年	2006年	2007年	2008年	2009年
安徽	机动车驾驶员(万人)	206.39	308.23	326.58	439.73	443.89	506.69	555.10	610.40
	汽车驾驶员(万人)	170.87	163.79	225.69	258.40	293.63	328.08	364.64	411.17
福建	机动车驾驶员(万人)	315.51	350.54	379.30	442.79	485.50	537.80	571.65	632.89
	汽车驾驶员(万人)	104.59	119.01	148.29	176.70	201.19	242.62	248.55	335.71
江苏	机动车驾驶员(万人)	729.71	814.56	880.58	978.79	1,064.32	1,222.93	1,340.04	1,460.95
	汽车驾驶员(万人)	234.69	257.77	342.22	395.38	587.80	689.00	790.21	912.03
江西	机动车驾驶员(万人)	208.93	235.47	290.62	357.98	423.63	488.94	560.15	631.69
	汽车驾驶员(万人)	102.65	106.78	109.63	108.94	109.19	273.03	313.48	356.13
山东	机动车驾驶员(万人)	814.70	991.64	1,065.37	1,096.06	1,210.46	1,305.50	1,578.88	1,505.60
	汽车驾驶员(万人)	291.17	353.30	502.21	619.43	751.81	872.50	1,127.40	1,137.20
上海	机动车驾驶员(万人)	189.63	222.59	253.23	276.29	306.63	338.90	373.06	410.79
	汽车驾驶员(万人)	148.57	160.71	185.72	208.27	296.56	279.41	319.29	362.78
浙江	机动车驾驶员(万人)	456.08	549.20	617.05	694.55	770.54	845.09	920.46	997.34
	汽车驾驶员(万人)	199.36	277.37	357.05	431.19	485.04	554.23	631.37	716.16

6 交通工具产量和进出口量

Chapter 6

- 6.1 机车和民用钢质船舶产量
- 6.2 民用船舶进出口
- 6.3 民用飞机进口

6.1 机车和民用钢质船舶产量

6.1.1 全国铁路机车生产趋势

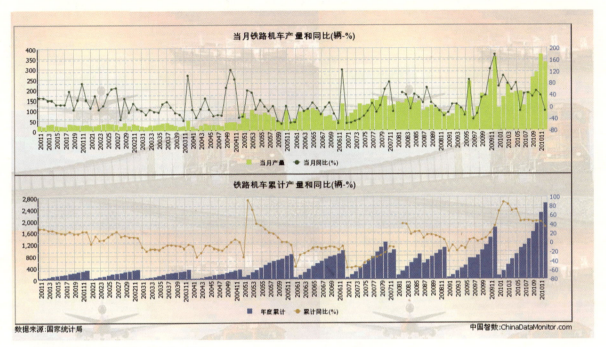

数据来源：国家统计局

注：图中 20011 表示 2001 年 1 月，下同。

6.1.2 全国铁路机车生产概况

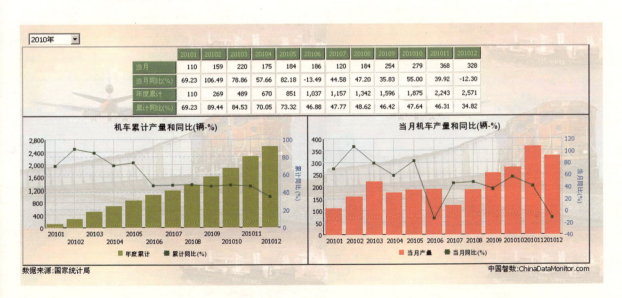

数据来源：国家统计局

6.1.3 全国民用钢质船舶产量

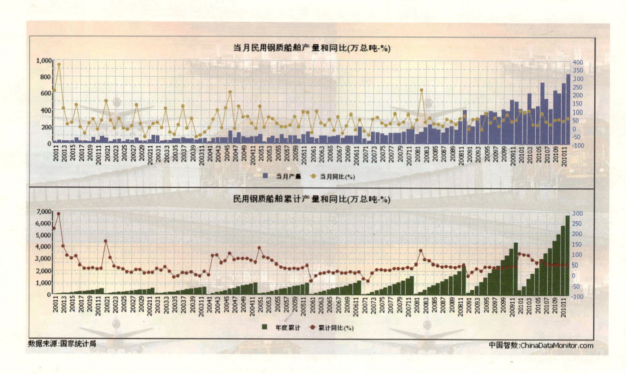

6.1.4 全国民用钢质船舶生产概况

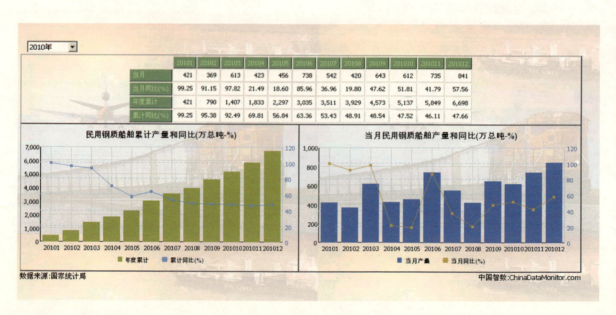

6.1.5 全国汽车生产趋势

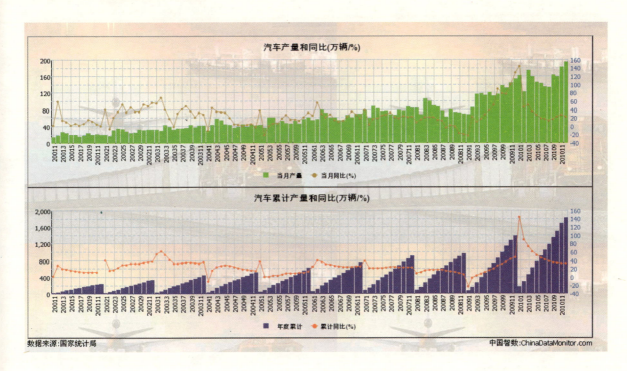

6.1.6 全国汽车生产概况

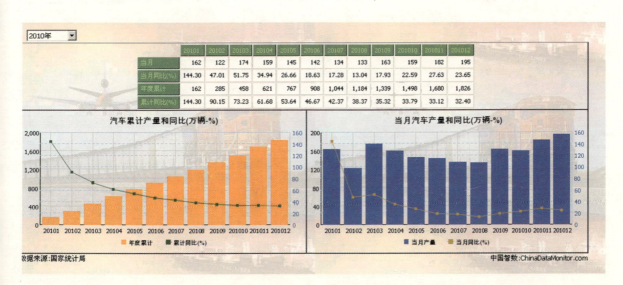

6.2 民用船舶进出口

6.2.1 民用船舶进口趋势

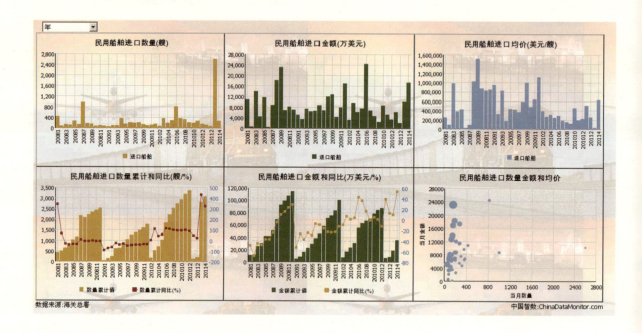

6.2.2 民用船舶进口情况

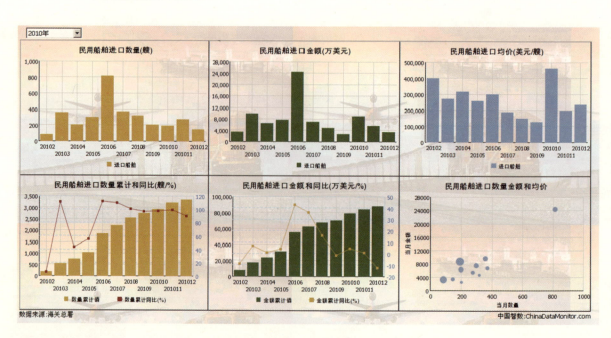

6.2.3 民用船舶出口趋势

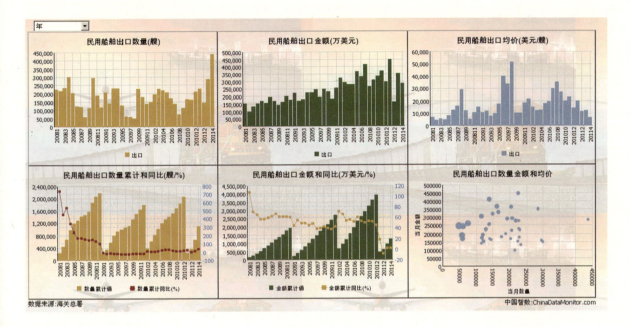

6.2.4 民用船舶单月出口情况

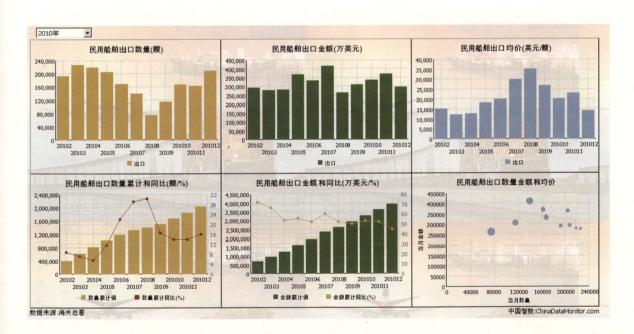

6.2.5　民用船舶分船型出口趋势

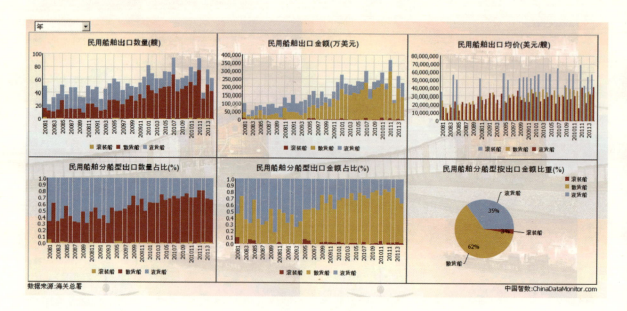

6.2.6　民用船舶进出口趋势

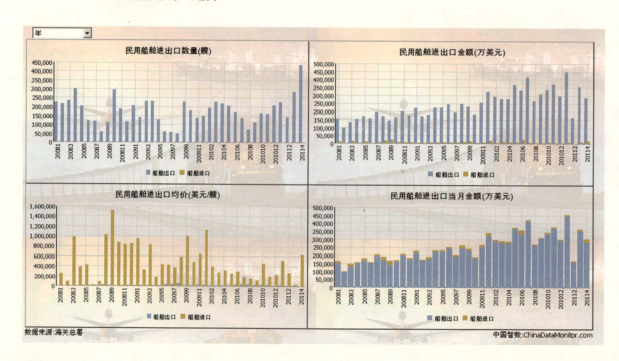

6.2.7 民用船舶进出口情况

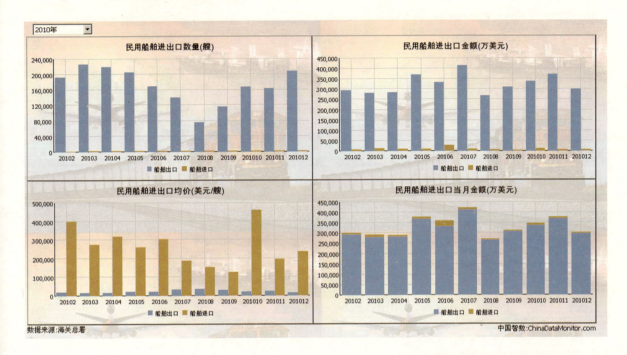

6.3 民用飞机进口
6.3.1 民用飞机进口情况趋势

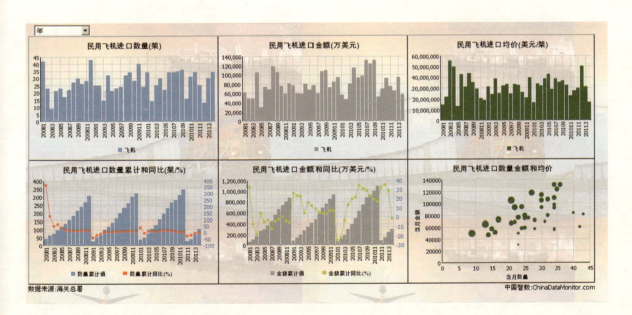

6.3.2 民用飞机进口单月情况

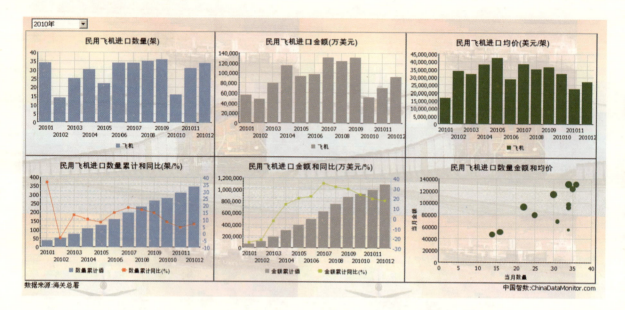

7 旅客运输量

Chapter 7

- 7.1 各种运输方式客运量和客运周转量
- 7.2 公路分地区客运指标
- 7.3 水路运输分地区客运量
- 7.4 国家铁路主要车站旅客发送量
- 7.5 国际航空客运统计

7.1 各种运输方式客运量和客运周转量

7.1.1 全国客运量和客运周转量趋势

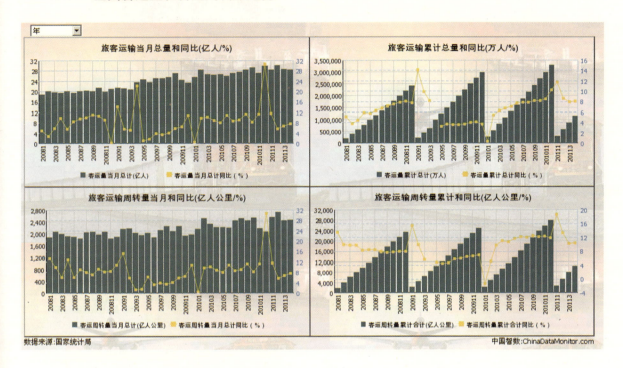

7.1.2 全国客运量和客运周转量及同比

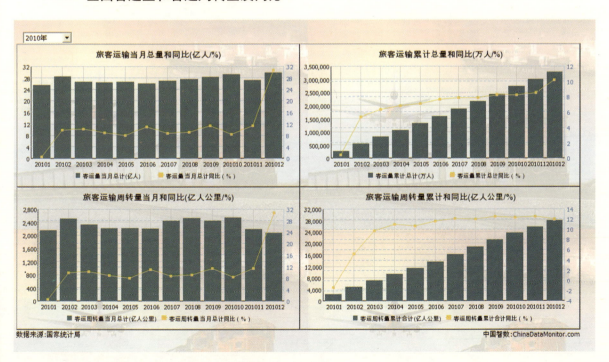

7.1.3 全国各种运输方式客运量趋势

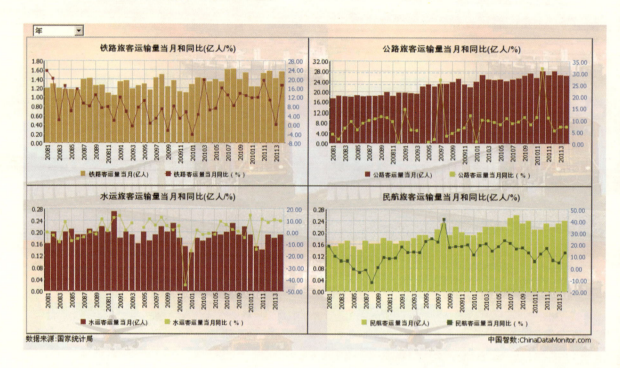

7.1.4 全国各种运输方式客运量

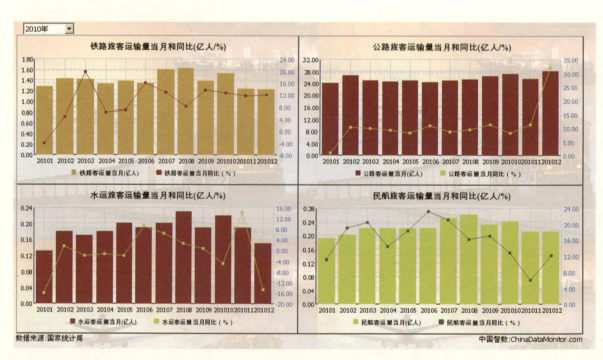

7.1.5 全国各种运输方式当月客运周转量和同比

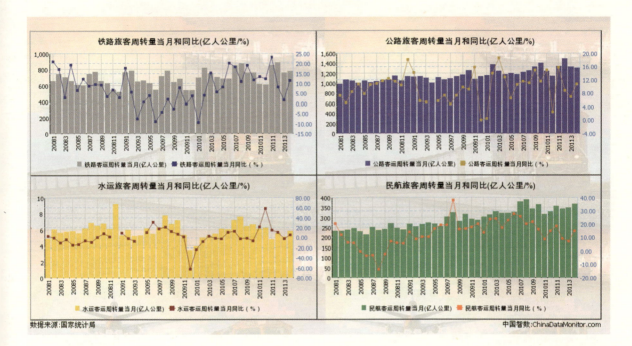

7.1.6 全国各种运输方式累计客运周转量和同比

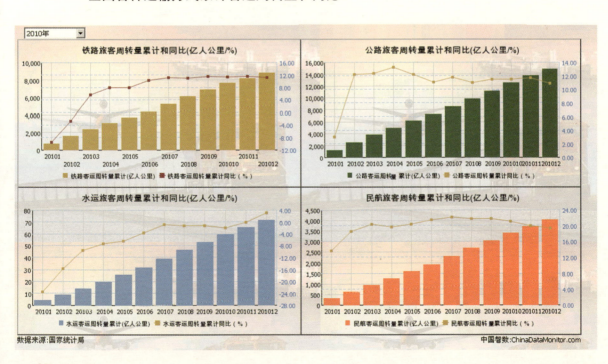

7.1.7 全国各种运输方式客运量比重

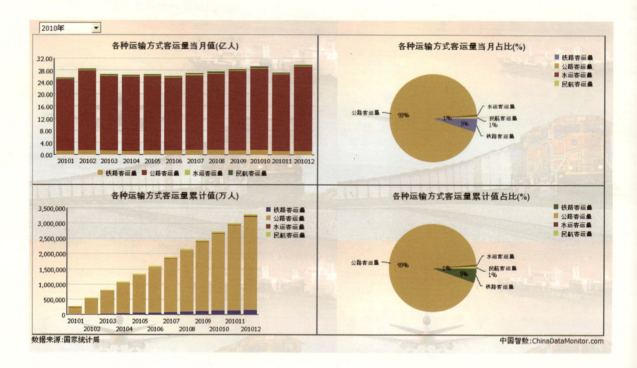

7.1.8 全国旅客运输平均运距

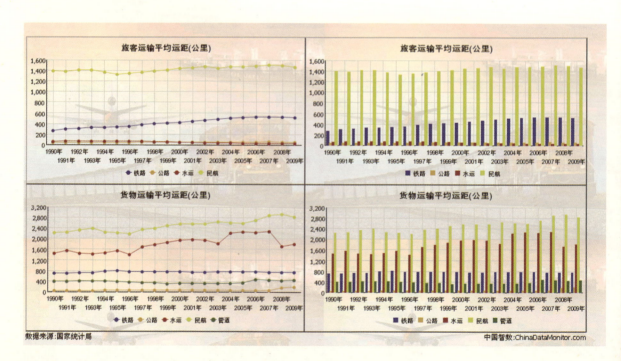

7.2 公路分地区客运指标
7.2.1 公路按区域客运量趋势

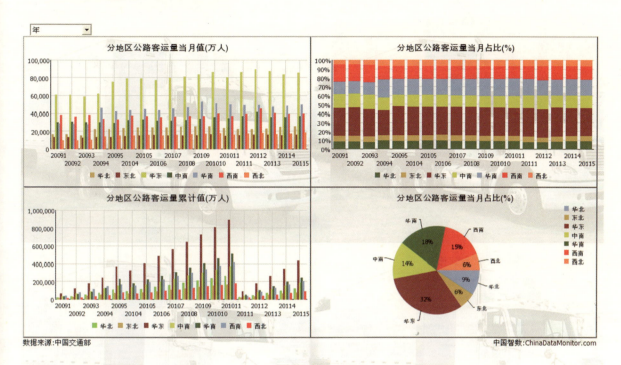

7.2.2 公路分地区客运量

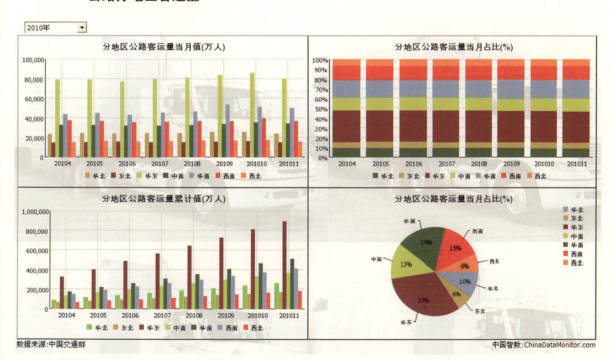

7.2.3 公路分省市客运量

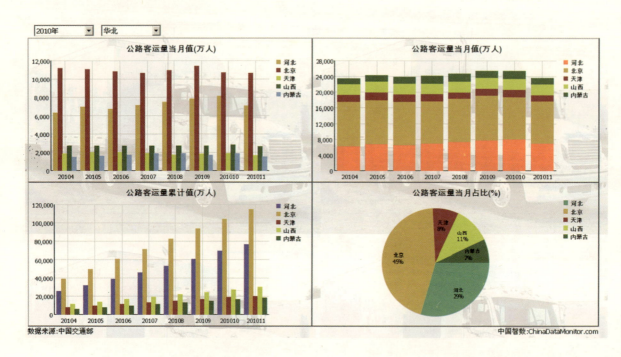

7.2.4 公路按区域客运周转量趋势

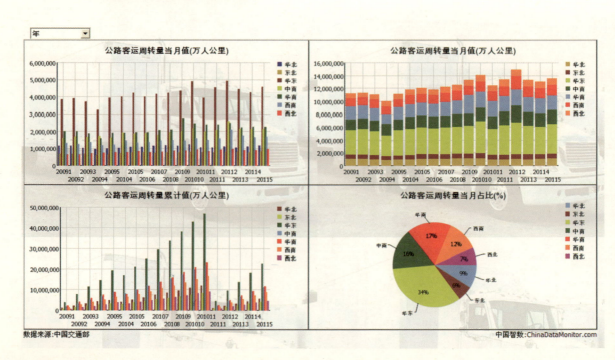

7.2.5 公路按区域客运周转量

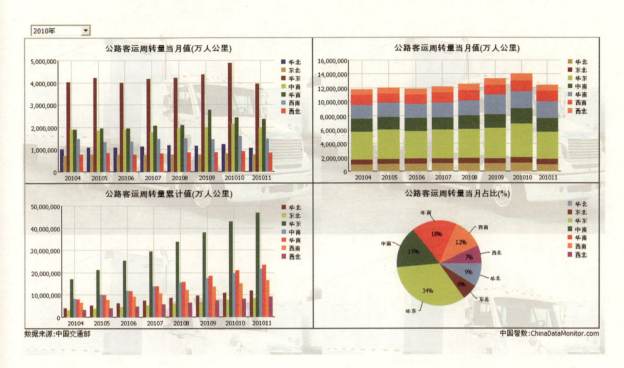

7.2.6 公路按省市客运周转量

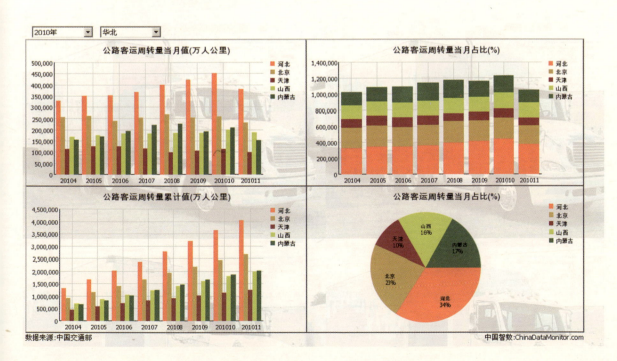

7.2.7 公路按区域客运平均距离

7.2.8 公路按省市客运平均距离

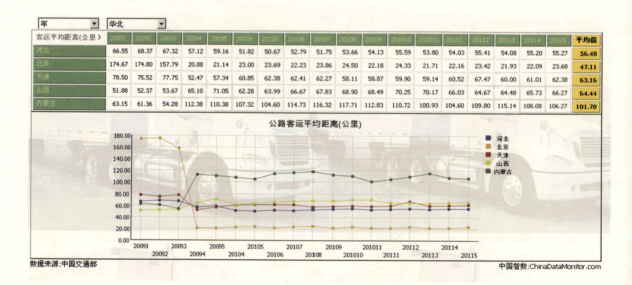

7.3 水路运输分地区客运量
7.3.1 水路运输按区域客运量

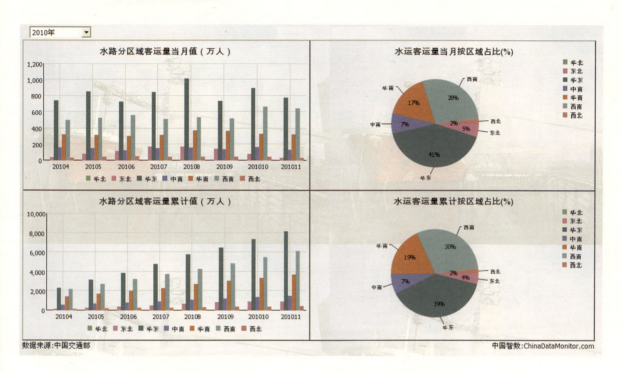

7.3.2 水路运输按省市客运量

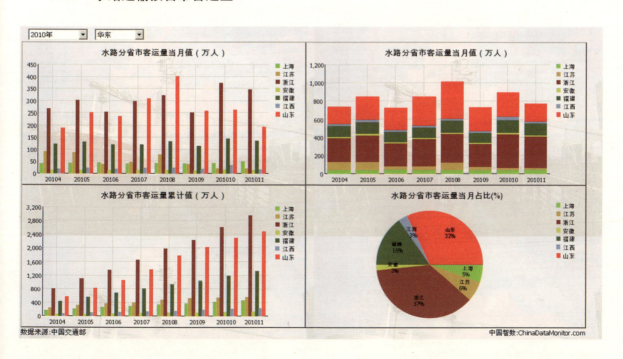

7.3.3　水路运输按区域客运周转量

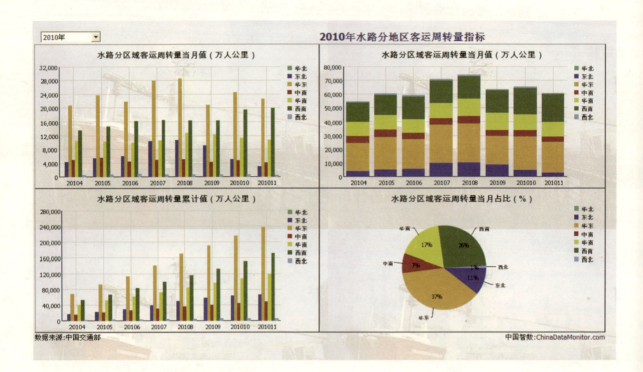

7.3.4　水路运输按省市客运周转量

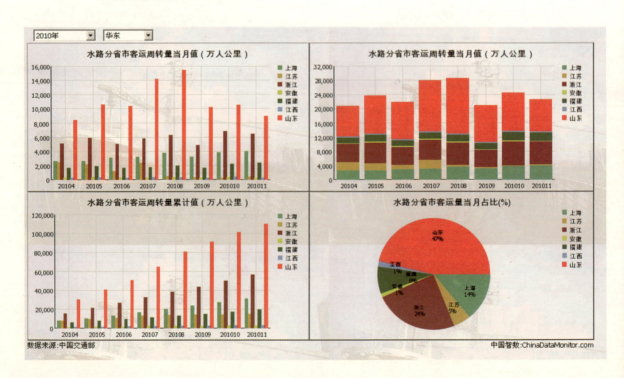

7.3.5 水路运输按省市客运平均运距

7.4 国家铁路主要车站旅客发送量

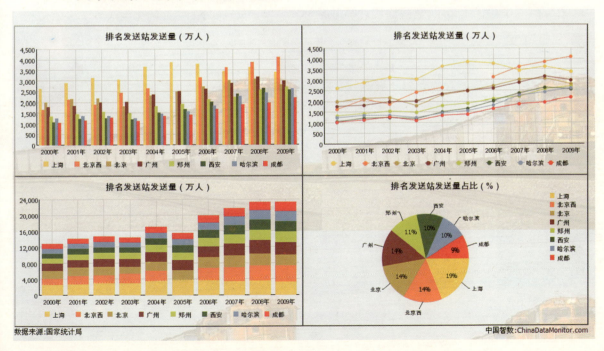

7.5 国际航空客运统计

7.5.1 中国民航国际航空客运当月绩效指标

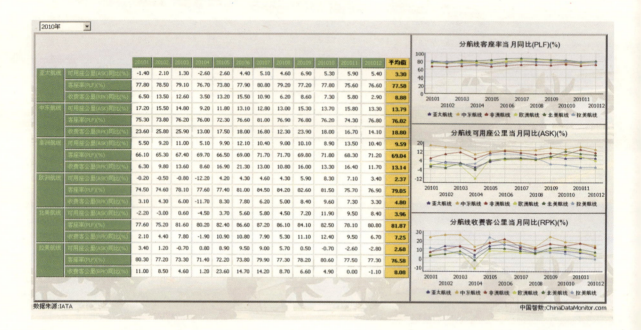

7.5.2 中国民航国际航空客运累计绩效指标

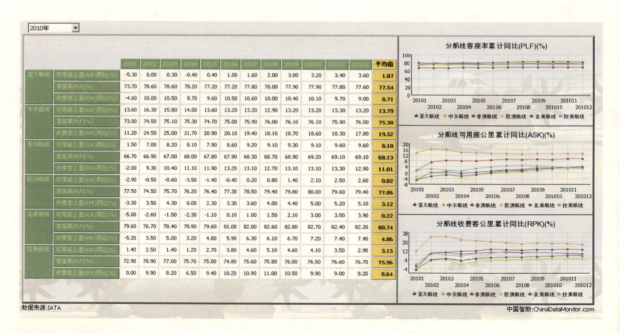

8 货物运输量

Chapter 8

- 8.1 各种运输方式货运量和货运周转量
- 8.2 公路分地区货运指标
- 8.3 水路分地区货运指标
- 8.4 国家铁路主要车站货物发送量
- 8.5 国际航空货运统计

8.1 各种运输方式货运量和货运周转量

8.1.1 全国货运量和货运周转量指标

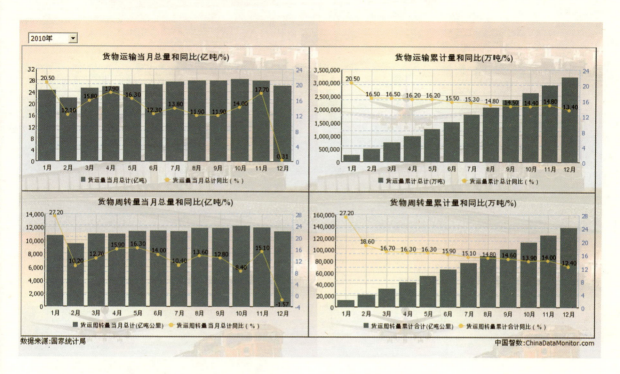

8.1.2 全国各种运输方式货运量指标

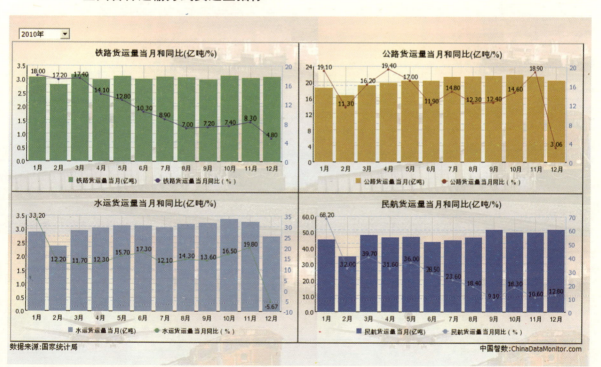

8.1.3 全国各种运输方式货运周转量指标

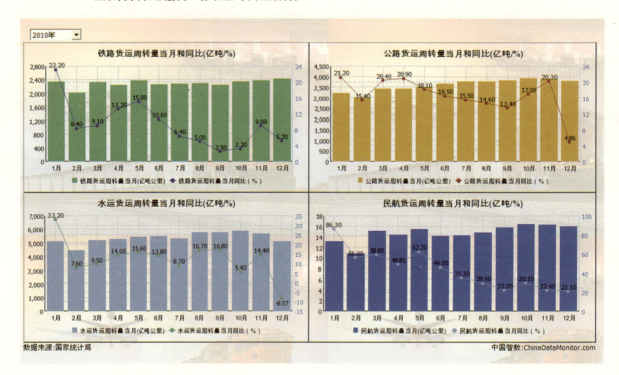

8.1.4 全国各种运输方式货运量累计指标

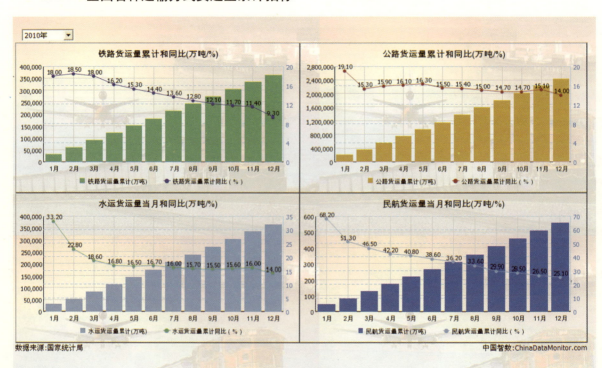

8.1.5 全国各种运输方式货运周转量累计指标

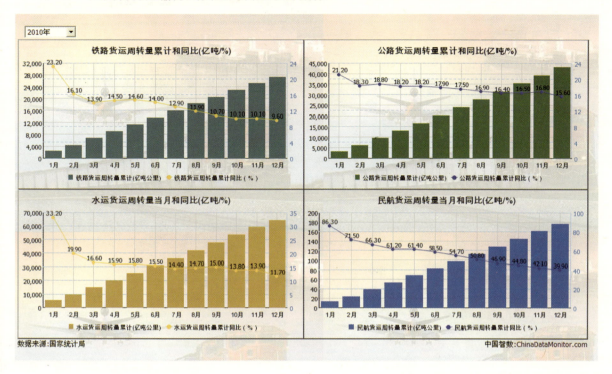

数据来源：国家统计局

8.2 公路分地区货运指标

8.2.1 公路分地区货运量

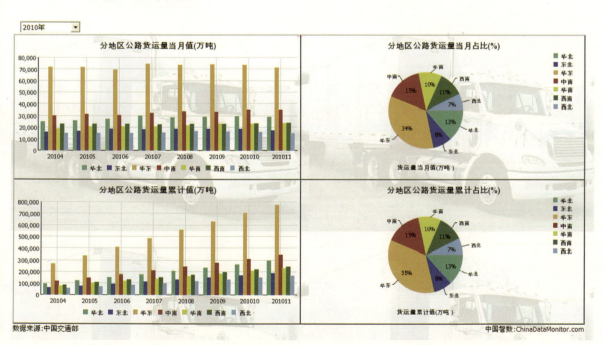

数据来源：中国交通部

8.2.2　公路分省市货运量

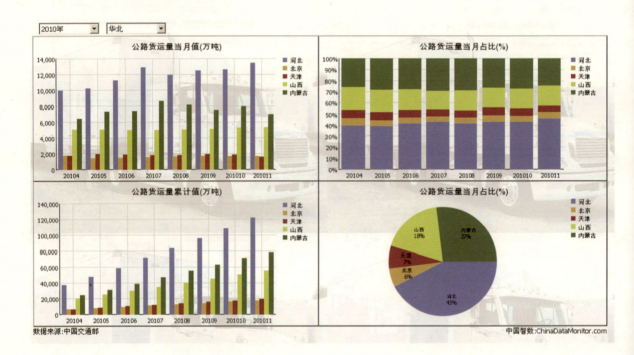

8.2.3　公路分区域货运周转量

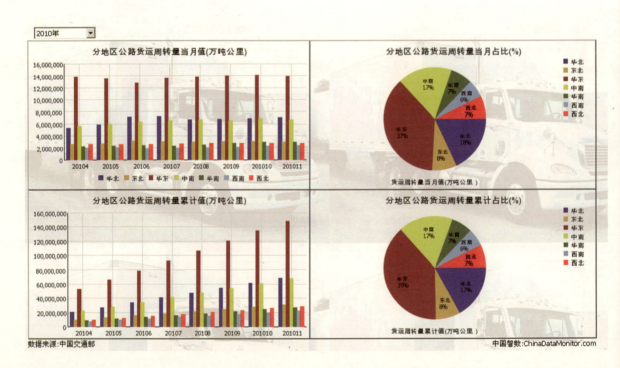

8.2.4 公路分省市货运周转量

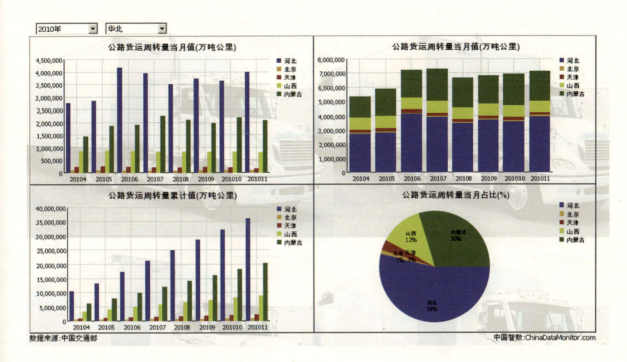

8.2.5 公路分区域货运平均运距

货运平均距离(公里)	20091	20092	20093	20094	20095	20104	20105	20106	20107	20108	20109	201010	201011	20111	20112	20113	20114	20115	平均值
华北	62.22	64.50	64.28	173.33	177.53	167.81	176.83	192.67	177.77	172.01	177.55	175.49	180.55	168.63	169.83	170.53	170.24	174.48	156.46
东北	55.78	56.48	58.49	203.32	184.64	179.11	176.60	187.05	181.61	171.33	178.91	177.69	183.03	176.10	176.67	179.25	179.18	173.45	159.93
华东	69.74	71.32	74.04	154.19	159.30	162.39	158.80	156.91	157.10	157.83	160.43	159.66	161.73	160.62	161.39	164.34	162.05	161.73	145.20
中南	83.76	84.39	83.38	161.08	177.09	175.17	174.45	183.78	179.33	181.75	179.79	180.41	180.61	177.07	180.75	183.42	181.91	178.61	162.60
华南	83.07	80.75	80.13	107.67	96.40	101.04	94.88	102.77	98.21	99.31	106.34	109.37	112.18	105.64	106.20	107.28	106.10	100.32	99.87
西南	214.31	213.53	218.29	114.14	115.71	116.11	125.24	116.44	126.51	129.07	126.63	133.85	159.99	141.25	135.46	129.16	118.67	125.26	142.20
西北	109.85	110.16	110.91	216.98	208.00	217.05	215.98	203.16	193.59	195.40	198.41	210.93	210.08	199.61	207.31	215.68	218.21		191.66

85

8.2.6 公路分省市货运平均运距

8.3 水路分地区货运指标
8.3.1 水路按区域货运量指标

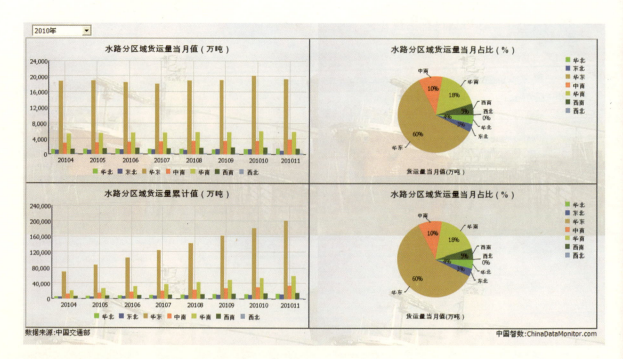

8.3.2 水路按省市货运量指标

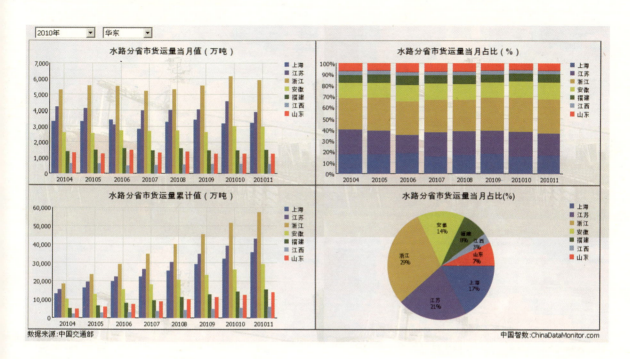

8.3.3 水路按区域货运周转量指标

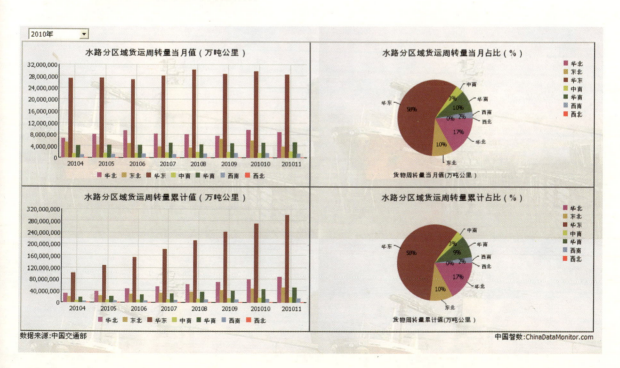

8.3.4 水路按省市货运周转量指标

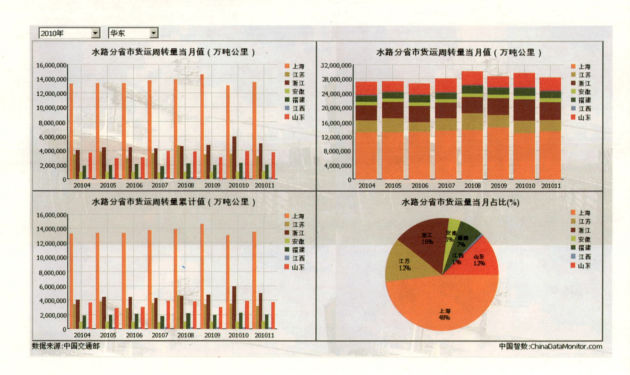

8.3.5 水路按省市货运平均运距

8.4 国家铁路主要车站货物发送量

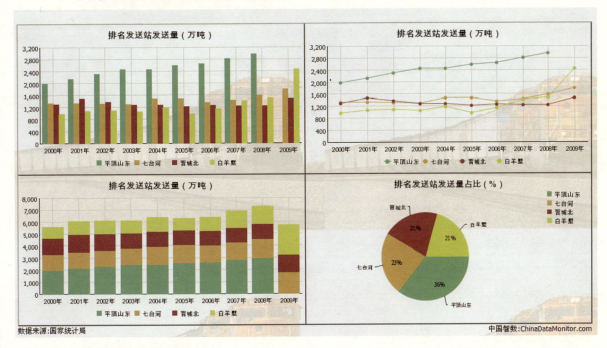

8.5 国际航空货运统计

8.5.1 中国民航国际航空货运当月统计

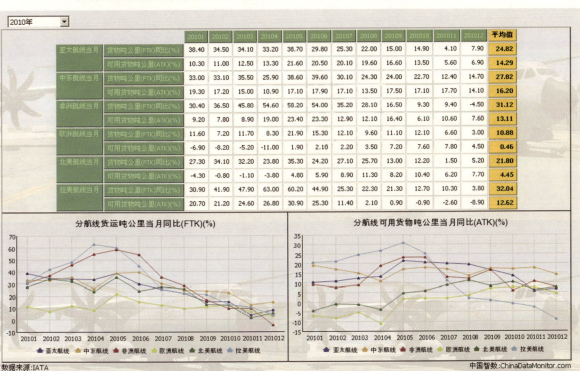

8.5.2 中国民航国际航空货运累计指标

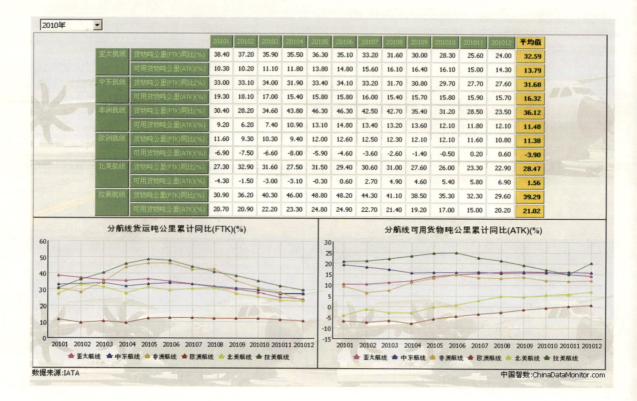

9 主要港口吞吐量

Chapter 9

> 9.1 内河主要港口客货吞吐量

> 9.2 沿海主要港口客货吞吐量

9.1 内河主要港口客货吞吐量

9.1.1 内河主要港口旅客吞吐量

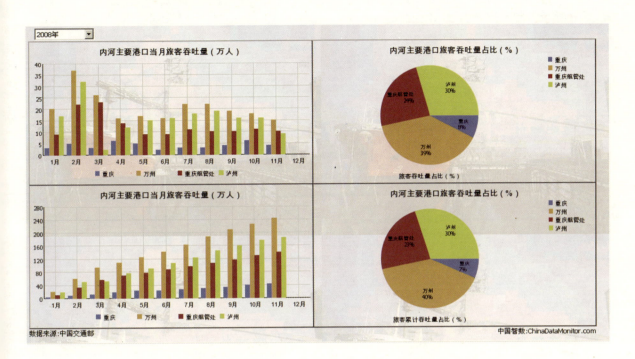

9.1.2 内河主要港口外贸货物吞吐量

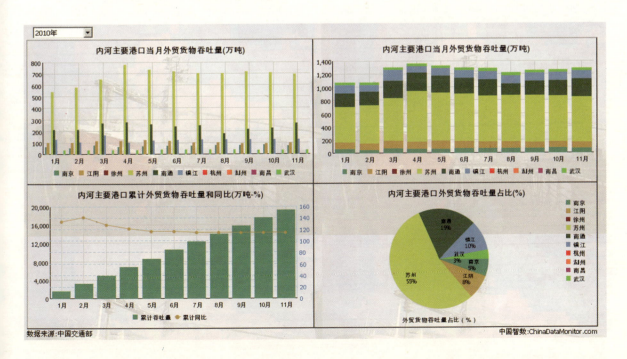

9.1.3 内河主要港口货物吞吐量

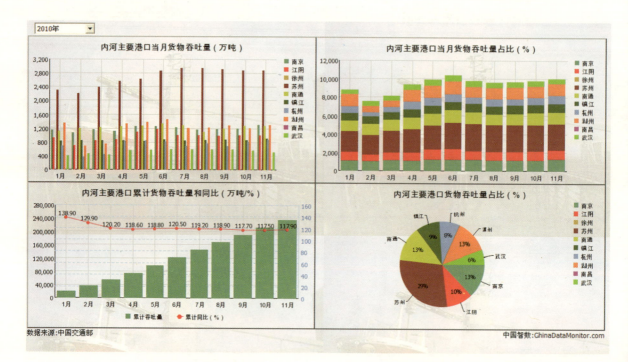

9.1.4 内河主要港口客货累计吞吐量

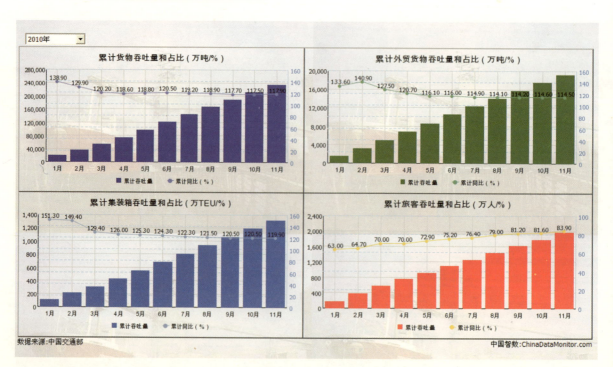

9.2 沿海主要港口客货吞吐量

9.2.1 沿海主要港口旅客吞吐量

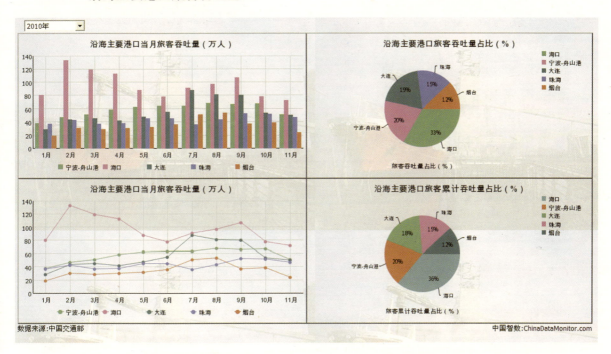

9.2.2 沿海主要港口外贸货物吞吐量

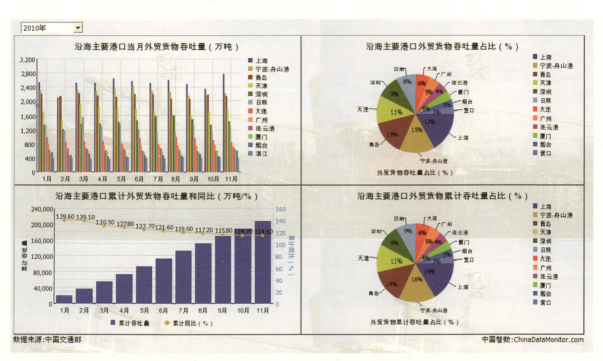

9.2.3 沿海主要港口货物吞吐量

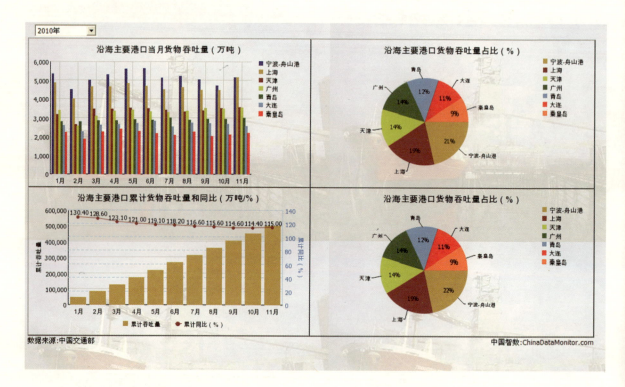

9.2.4 沿海主要港口客货累计吞吐量

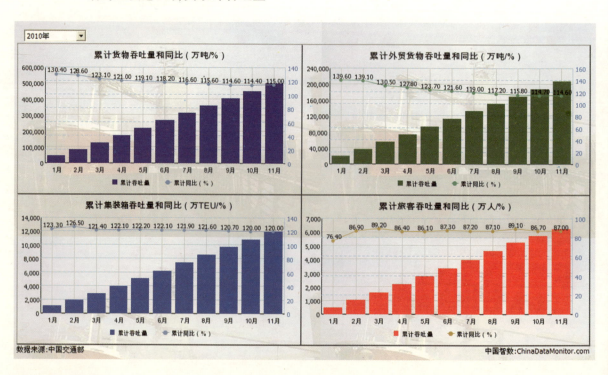

10 主要机场和航空公司指标

Chapter 10

> 10.1 机场绩效指标

> 10.2 主要航空公司绩效指标

10.1 机场绩效指标

10.1.1 主要机场旅客吞吐量当月值和同比

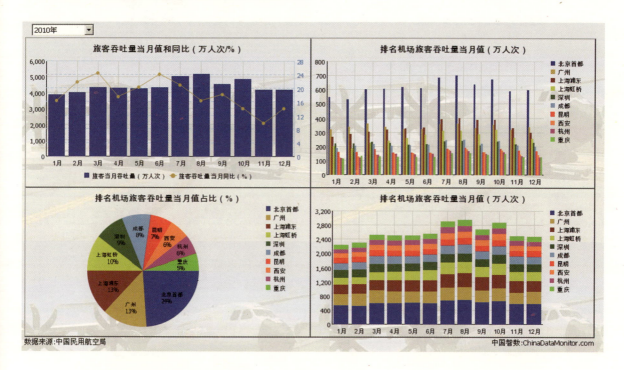

10.1.2 主要机场旅客吞吐量累计值和同比

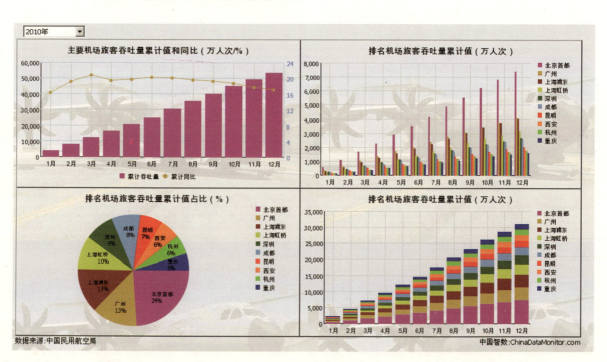

10.1.3　主要机场货邮吞吐量当月值和同比

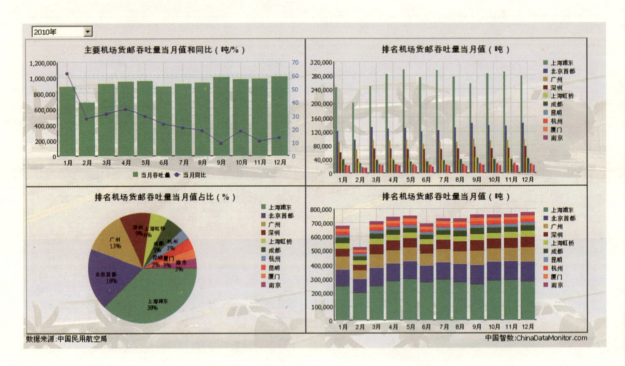

10.1.4　主要机场货邮吞吐量累计值和同比

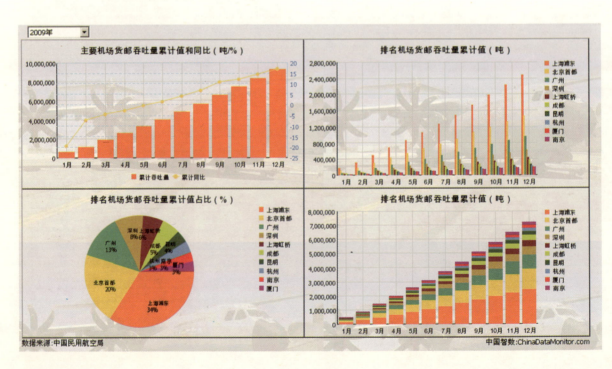

10.1.5 主要机场起降架次当月值和同比

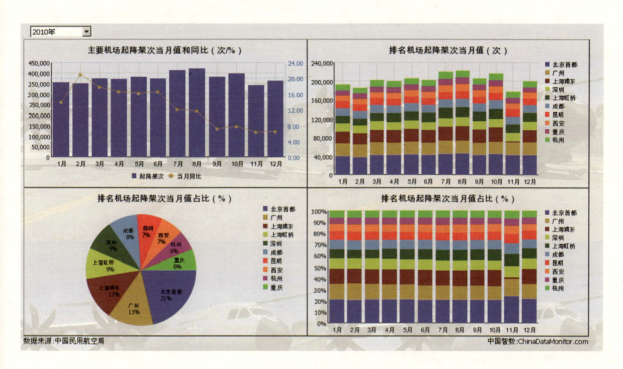

10.1.6 主要机场起降架次累计值和同比

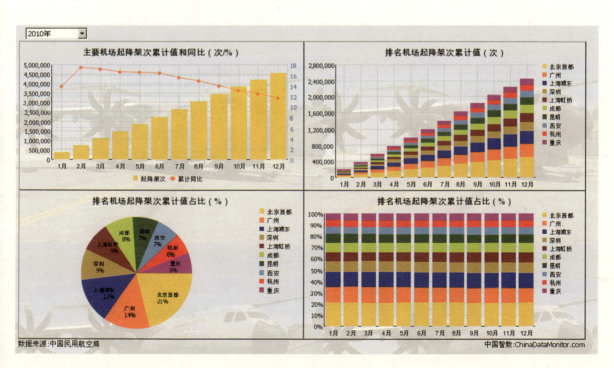

10.1.7 主要机场客货吞吐量和同比

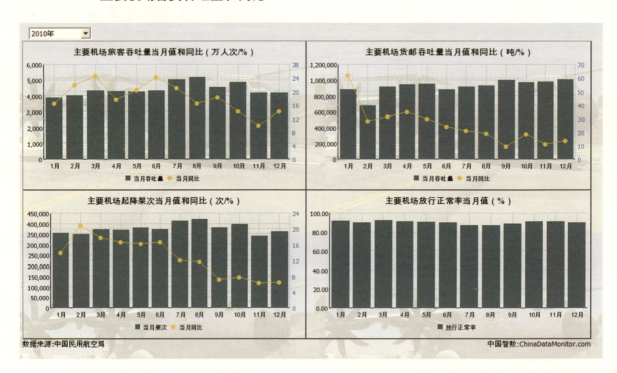

10.2 主要航空公司绩效指标
10.2.1 主要民航公司飞行绩效指标

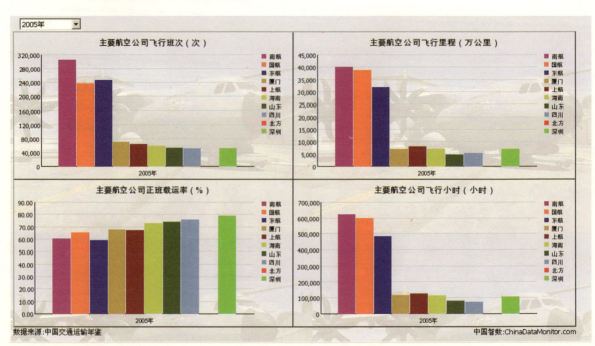

10.2.2 主要民航公司客货运输绩效指标

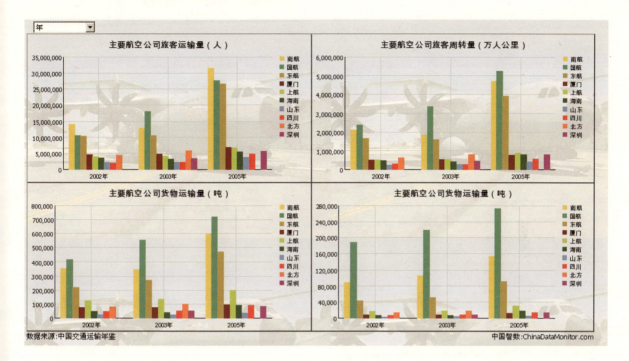

11 交通安全

Chapter 11

> 11.1 全国道路交通事故
> 11.2 全国道路按原因交通事故

11.1 全国道路交通事故

11.1.1 全国道路交通事故概览

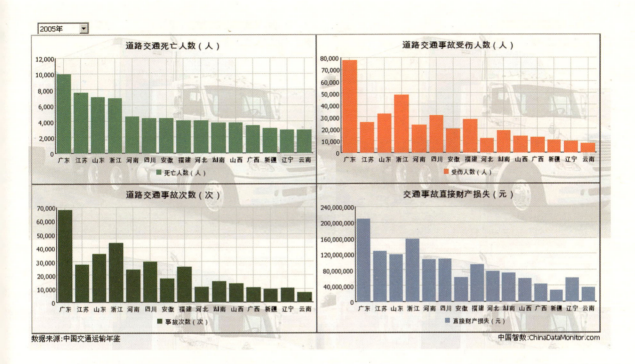

11.1.2 全国按区域道路交通事故

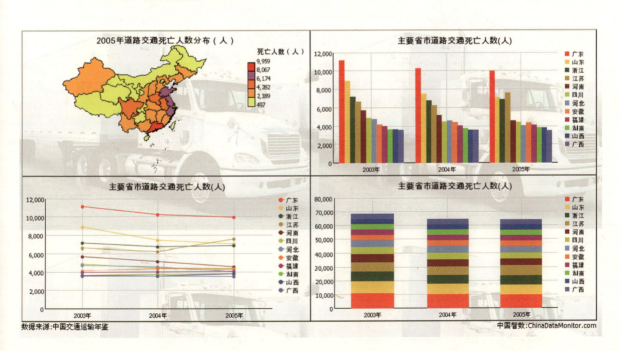

11.2 全国道路按原因交通事故

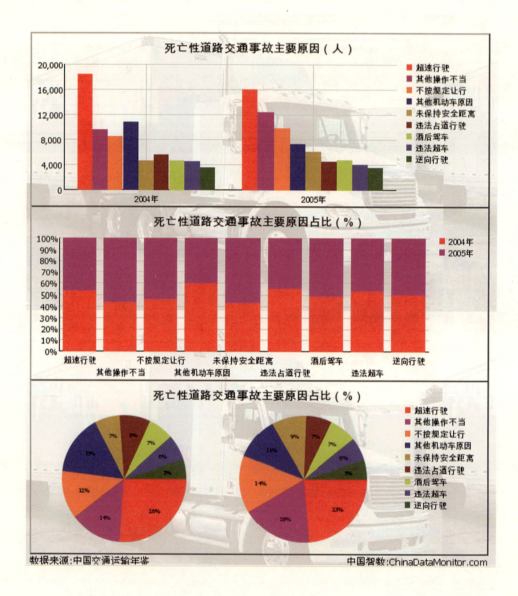

12 交通行业上市公司

Chapter 12

- 12.1 交通行业股票市场规模
- 12.2 交通行业上市公司
- 12.3 交通行业上市公司股市交易
- 12.4 交通行业上市公司财务报表
- 12.5 交通行业上市公司经营数据——高速公路类

12.1 交通行业股票市场规模

12.1.1 交通行业和股票市场规模

12.1.2 交通行业按成交量股票交易规模

12.2 交通行业上市公司

12.2.1 交通行业上市公司按总资产排名

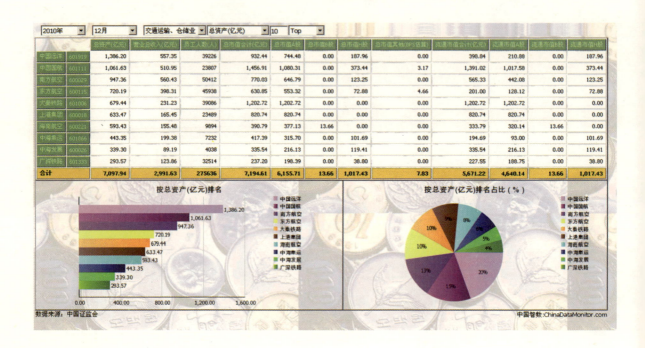

数据来源：中国证监会

12.2.2 交通行业上市公司按营业总收入排名

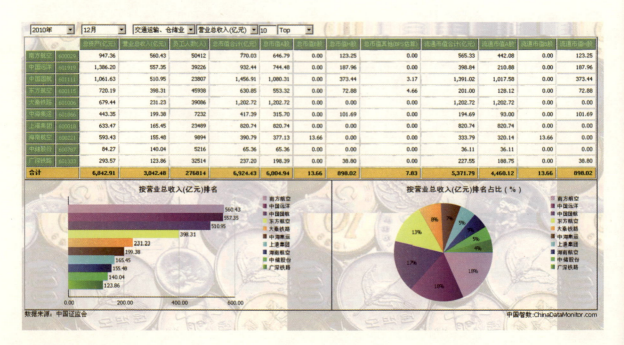

数据来源：中国证监会

12.2.3 交通行业上市公司按员工人数排名

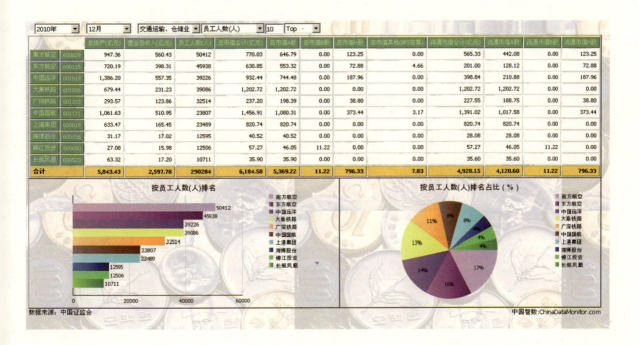

12.2.4 广东省交通行业 A 股上市公司机构持股排名

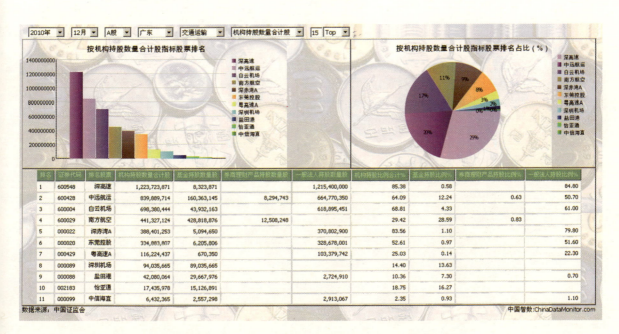

12.3 交通行业上市公司股市交易

12.3.1 交通行业上市公司日交易排名

12.3.2 航空运输上市公司当日股市资金增仓情况

12.4 交通行业上市公司财务报表

12.4.1 交通行业上市公司资产负债表排名

数据来源：中国证监会

中国智数：ChinaDataMonitor.com

12.4.2 交通行业上市公司每股收入指标排名

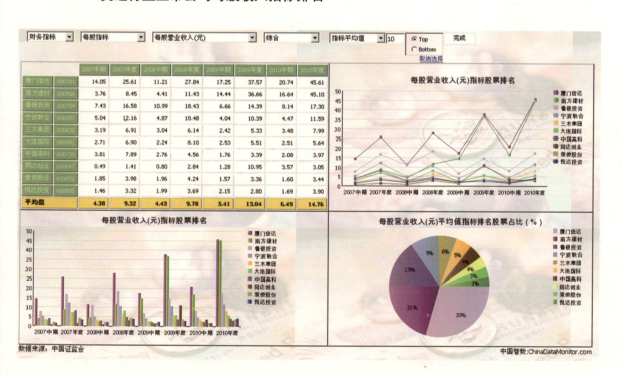

数据来源：中国证监会

中国智数：ChinaDataMonitor.com

12.5 交通行业上市公司经营数据——高速公路类

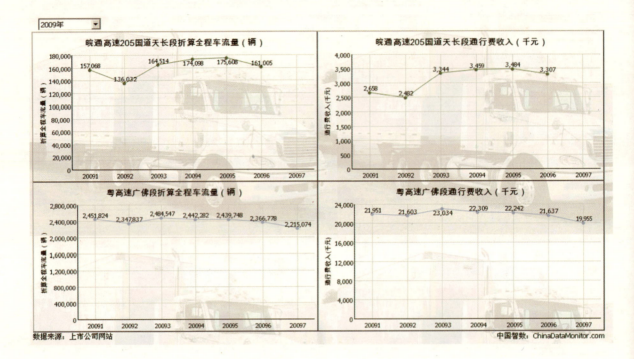

13 城市交通

Chapter 13

> 13.1 河北城市客货运输概况
> 13.2 河北城市按运输方式运输量
> 13.3 河北城市客货运输情况
> 13.4 湖南城市客货运输情况

13.1 河北城市客货运输概况

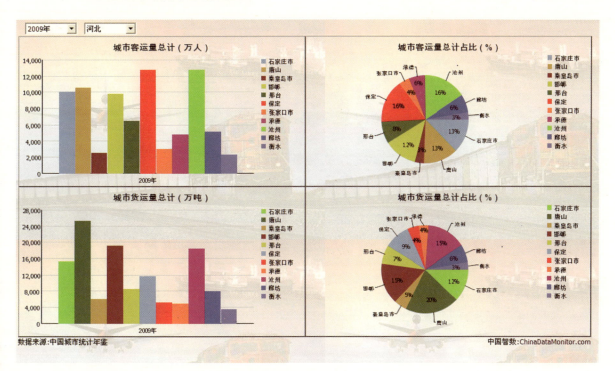

13.2 河北城市按运输方式运输量

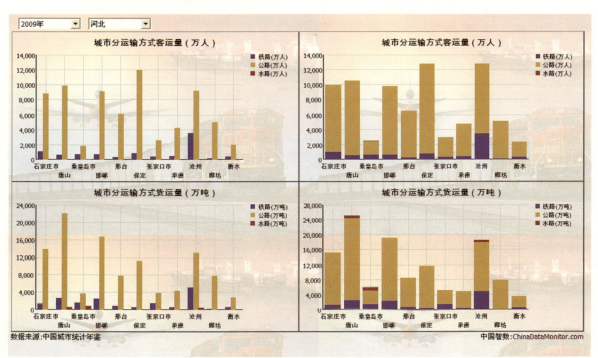

13.3　河北城市客货运输情况

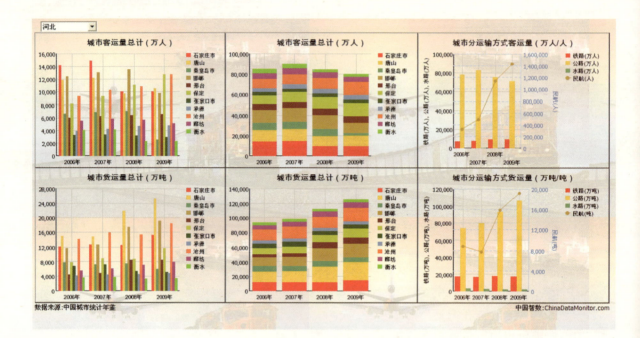

13.4　湖南城市客货运输情况

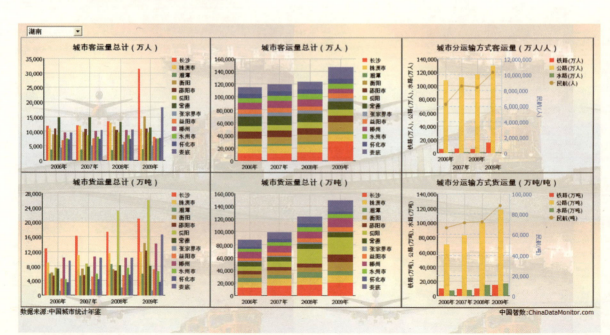

后 记

《中国交通运输图谱》由无锡固基信息技术有限公司、中工国城科技（北京）有限公司、北京鑫实路桥建设有限公司、北京中工招标代理有限公司等合作开发而成，《中国交通运输图谱》所有图片采自我们在中国独家开发的"中国智慧数据在线"平台。项目组由国际数据仓库和数据挖掘专家组成，我们有在美国和中国 20 多年多种行业为世界著名公司开发决策支持系统和在线数据平台的成功实践经验。可以为那些积累了海量数据，正在为管理"数据海洋"而烦恼的企业、事业单位或政府部门把这些烦恼转变为提高核心竞争力的资源和财富，我们可以点石成金为您量身打造决策支持利器。

"中国智慧数据在线"平台还包括：
中国金融智慧数据在线；
中国海关进出口智慧数据在线；
中国汽车智慧数据在线；
中国钢铁智慧数据在线；
中国家电智慧数据在线；
中国房地产智慧数据在线。

《中国交通运输图谱》基于权威和可靠的公开信息，本图谱所载资料、工具仅供参考之用，并非作为或被视为出售或购买证券或其他投资标的邀请或向人做出邀请。在任何情况下，本图谱中的信息或所表述的内容不构成对任何人的投资建议。在任何情况下，本公司不对任何人因使用本图谱中的任何内容所引致的任何损失负任何责任。